Dart Player's

HANDBOOK

DR. BERNHARD GUTSCHREITER'S

Dart Player's

HANDBOOK

COPRESS
SPORT

Meinen Lieben, Isabella und Alessandra, gewidmet

Über den Autor:
Dr. Bernhard Gutschreiter ist Facharzt für Innere Medizin und lebt in Linz, Oberösterreich. Der Hobbyzeichner und passionierte Darts-Vereinsspieler konnte selbst seiner brasilianischen Frau vermitteln, dass »One hundred and eeeeeighty« einen ähnlichen Wohlklang hat wie das weithin bekannte »Goooooool« der Südamerikaner.

Herstellung und Layout: VerlagsService Dietmar Schmitz, Heimstetten

Alle Illustrationen vom Autor

Bibliografische Information Der Deutschen Nationalbibliothek
Die Deutsche Nationalbibliothek verzeichnet diese Publikation in der Deutschen Nationalbibliografie; detaillierte bibliografische Daten sind im Internet über http://dnb.ddb.de abrufbar.

www.copress.de

Printed in Hungary

ISBN 978-3-7679-1189-5

Dieser Titel ist auch als E-Book erhältlich (ISBN: 978-3-7679-2020-0)

Inhalt

Zu diesem Buch

Niemand hätte vor zehn Jahren vorhergesagt, dass im deutschen Privatfernsehen einmal zur Hauptsendezeit stundenlang Darts-Turniere live übertragen werden würden. Darts, ein Spiel und ein Sport, das sich einem erst erschließt, wenn man sich mit der Materie intensiver auseinandergesetzt hat. Wer sich nicht mit der Magie des »501 Double Out« befasst, für den wird Darts eine Zirkusattraktion wie Messerwerfen oder Jonglieren bleiben. Wer dieses Buch gelesen hat, wird jedoch erkennen, dass es viel mehr ist.

Großbritannien ist das Mutterland so vieler Sportarten und es ist das Mutterland des Darts. Was ein Brite an Varianten kennt, um sportlich gesehen »Null« zu sagen, zeichnet dieses Völkchen schon einmal aus (»Love« im Tennis, »Zero« und »Null« oder »Nil« im Mannschaftssport; bei der Zeitmessung kommen dann noch »Oh« und »Nough« hinzu); die englische Terminologie soll daher in diesem Buch auch nicht zu kurz kommen. Wenn Sie etwas nicht verstehen, schlagen Sie im Glossar ganz hinten nach.

Im Darts gibt es eine Menge an Fachwissen und Fachbegriffen. Es mag vorkommen, dass Begriffe verwendet wurden, die erst weiter hinten oder gar erst im Glossar erklärt werden.

Ein Buch kann keine bewegten Bilder bieten. Sternstunden dieses Sportes kann man sich aber relativ bequem im Internet ansehen. Ich möchte jeden dazu ermutigen.

Ich spiele Darts regelmäßig oder fallweise, mal zwischendurch, mal engagiert, mal zum Spaß, mal zum Ärgern und bin gern das geblieben, was ich immer war: ein Amateur und

Dilettant (von lat.: amare – lieben, und von ital.: dilettare – sich erfreuen). Mit diesem Buch möchte ich zum Profi werden (lat.: profiteor – bekennen), indem ich meine Liebe und Hingabe zu diesem Sport bekenne.

Übrigens: Darts heißt der Sport – Darts heißen die Pfeile, und *ein* Dart ist *ein* Pfeil. Und wenn wir von der Sportart Darts sprechen, dann ist im Allgemeinen von der Spielform »501 Double Out« im Steel Darts die Rede.

Ein besonderer Dank für Anregungen und Korrekturen gilt meinen Kollegen vom 1. LDC (Erster Linzer Dartsclub), dem ältesten Steel-Darts-Verein Österreichs, insbesondere dem Gründer Franz »Graf« Grabner und dem Präsidenten Jürgen »Erklärbär« Auer.

Ist Darts ein Sport?

Man sollte sich von Anfang an keinen Illusionen hingeben: Von Darts werden Sie keine Kilos abnehmen und ihr Idealgewicht auch nicht halten können. Wenn Dartspieler schwitzen, dann entweder, weil die Beleuchtung der Bühne ein saunaähnliches Klima erzeugt oder weil sie übergewichtig sind und entsprechend leicht ins Schwitzen kommen.

Damit Sie fit, gesund und gut in Form bleiben, brauchen Sie noch eine andere sportliche Betätigung, etwas klassisch Schweißtreibendes wie Laufen, Radfahren oder Schwimmen.

Darts ist ein Präzisionssport und damit in eigentlich guter Gesellschaft mit anderen klar anerkannten Sportarten: Schießsport (Gewehr- und Pistolenschießen, Bogensport), Billard in allen Varianten, Kugelspiele (Boccia, Pétanque, Bowls), Golf und Minigolf, Kegeln und Bowling, Curling und Eisstockschießen sowie Croquet.

Der Schießsport und Curling haben es zu olympischer Anerkennung gebracht und Golfspieler haben gar keinen Zweifel daran, dass sie einen ernsthaften Sport betreiben (die Traumatologie kennt den Begriff des Golferarms – in Analogie zum Tennisarm – als Überlastungserscheinung beim Ungeübten). Wer schon einmal ernsthaft gebowlt hat (das heißt dem Ball die gewünschte Rotation gegeben hat), weiß, dass dies mit einer gewissen Anstrengung verbunden ist. Und nach einer längeren Darts-Session wird man die Gelenke auch ein wenig spüren – vor allem, wenn man »falsch« steht.

Diesen Sportarten ist gemein, dass einem Dilettant hin und wieder ein Glückstreffer gelingt. Niemand würde jedoch beim ersten Kugelstoß-Versuch oder 10 000-Meter-Lauf auch nur annähernd in Weltrekordnähe kommen. Allerdings trennt die regelmäßige – und damit statistisch auffällige – Wiederholung solcher »Glückswürfe« die Spreu vom Weizen.

Die Aufteilung des Boards in Sektoren und die Verteilung der Punkte nach einer nicht systematischen Ordnung produziert beim Anfänger häufig den Eindruck, dass es sich beim Darts um ein Glücksspiel handeln könnte. Die Besonderheit des Boards (im Gegensatz zu den konzentrischen Kreisen wie man sie von allen anderen Wurf- und Schießspielen kennt) ist jedoch im Darts auch für den Spiel-Charakter von entscheidender Bedeutung. Erst mit der Zeit erschließt sich dem Anfänger die Genialität der Sektoreneinteilung sowie der Triple- und Doppelfelder (engl. Triples and Doubles). Außerdem sind Fußballtore auch rechteckig und nicht rund – hä?

Seit wann spielt man im Fußball auf runde Tore?

Sportarten, die ihre Meister mittels Höhe, Weite, Zeit und Gewicht ermitteln, stehen für Kraft, Ausdauer und klassische Athletik. Jene, in denen sich der Beste durch mehr Punkte, Tore, Körbe etc. durchsetzt, haben immer auch mehr oder weniger den Charakter eines Spieles. Darts ist sicher auch ein Spiel – Kinder lieben es zu spielen, und kein Kind fände es nicht verlockend, ein paar Darts zu werfen. Männer sind große Kinder …

- Darts ist ein Sport, weil man eindeutig messbare Resultate durch Training stetig verbessern kann. Der Glücksfaktor wird minimiert – die Windverhältnisse haben Skispringen schon öfters zu einem Glücksspiel gemacht, als es eine Partie Darts je sein könnte.
- Darts ist ein Sport, bei dem man zwar kaum ins Schwitzen kommt, aber dennoch stundenlang auf der Anlage Meter macht.
- Darts ist ein Sport, weil Männer nicht nur einfach ein Spiel spielen. Das muss ich als Macho an dieser Stelle einfach loswerden.

Sollte Sie Ihr Arzt nach dem Blutdruckmessen nach Ihrem sportlichen Engagement fragen, dann antworten Sie lieber nicht mit »Ich habe einen 80er-Average.« Er wird dann eher mutmaßen, dass Sie sich in verrauchten Kneipen herumtreiben.

Darts ist ein Spiel, das durch Vereine, Meisterschaften, TV-Kultur, Publikumsattraktivität, Spitzenleistungen der Stars zu einem echten Sport wurde, der diese Bezeichnung voll und mit allem Respekt verdient.

Darts ersetzt jedoch leider nicht die Verpflichtung jedes Einzelnen, sich durch körperliche Bewegung fit zu halten. Dafür müssen wir weiterhin laufen, Rad fahren, schwimmen und andere Dinge machen, so langweilig sie uns auch erscheinen mögen; sonst werden wir dick und träge und handeln uns eine Unmenge an gesundheitlichen Problemen ein. Das muss ich als Arzt nun leider loswerden.

Darts anderen Sportarten gegenübergestellt:
1. Darts ist relativ günstig – ein Board, drei Darts und dieses Buch.
2. Jeder sollte genügend Platz in den eigenen vier Wänden freischaufeln können, um sich eine ordentliche Anlage hinstellen zu können.
3. Darts ist (witterungs- und saisonunabhängig) das ganze Jahr über praktizierbar.
4. Der gesellschaftliche Aspekt in einem Verein kommt sicher nicht zu kurz.
5. Andererseits kann man Darts auch alleine spielen – man braucht weder Trainer noch Sparringspartner.

Die körperlich-sportliche Leistung in Bezug auf Ausdauer würde ich einem gemütlichen Tennis-Doppel-Match, einer kurzen Golfrunde oder einem langsamen Spaziergang gleichsetzen. Trainingseffekte für die Herz-Kreislauf-Gesundheit kann man hier leider keine erwarten, aber jede Bewegung ist besser als keine und verbrennt mehr Kalorien als Nichtstun.

Das moderne Dartsboard

The London Board

Heutzutage spielt man auf einem *London Board, Typ Bristle*. Ein solches Board besteht aus Millionen von Sisalfasern, die parallel zusammengebunden und von einem Metallring außen zusammengepresst werden. Die Längsfasern des ca. einen Meter hohen Stammes der Sisal-Agave werden sonst für die Produktion von Tauen, Seilen und Garnen verwendet. Für Dartboards sind sie auf zwei cm gekürzt und gebündelt.

Man wirft seine Darts folglich in eine Art Bürste (engl. bristle), in der die hauchdünnen Borsten unglaublich eng aneinander gepresst sind. Immer wieder finde ich es großartig, wie technisch ideal und langlebig Naturprodukte sind.

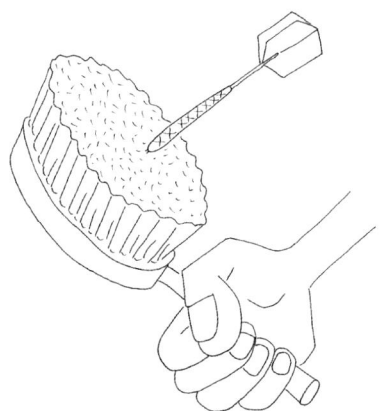

Bristle heißt doch Bürste?

Ein Board hat im Gesamten einen Durchmesser von 45 cm – hier ist auch ein großzügiger Bereich um die äußeren Double-Felder mit inbegriffen. Auch dieser Bereich, der glücklicherweise nicht zählt, hat im Spiel ums Finish eine entscheidende Bedeutung. Er trägt auch den Metallring mit den Punktbezeichnungen.

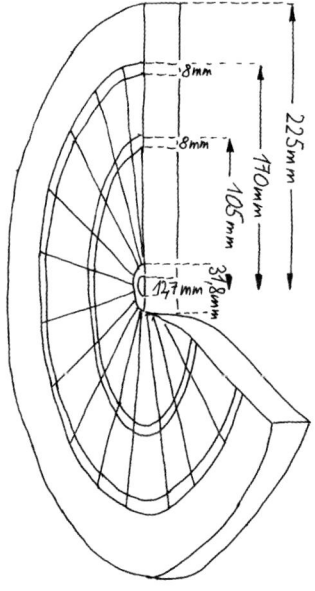

Die Dimensionen des Boards

13

Die »echten« Felder entstehen durch 20 unterteilte Kreissektoren mit einem grünen oder roten, äußeren Ring – den Double-Segmenten, und einem grünen oder roten, inneren Ring – den Triple-Segmenten.

Die äußeren und inneren Single-Felder sind schwarz oder weiß. Die Dimensionen sind besser grafisch dargestellt, als lang erklärt (siehe Zeichnung).

Zunächst möchte ich die von mir benutzten (und allgemein gängigen) Abkürzungen erklären:

T steht für Triple oder Treble,

D für Doppel oder Double,

S für Single,

S25 für das einfache Bull (outer bull, auch SB),

D25 für das Bullseye (inner bull, auch DB).

Das Bullseye (oder Double Bull) zählt 50 Punkte und ist damit nur das fünfthöchste Feld des Boards nach T20 (60 Punkte), T19 (57 Punkte), T18 (54 Punkte) und T17 (51 Punkte). Es ist ein Double-Feld (D25). Mit 12,7 mm Durchmesser ist die Fläche (knapp 127 mm² oder 1,27 cm²) doch deutlich kleiner als die eines Triple-Feldes.

Das Single Bull zählt 25 Punkte. Mit 31,8 mm Durchmesser (abzüglich des Bullseye 667 mm² oder 6,67 cm²) ist es gut fünfmal so groß wie das Bullseye.

Das äußere (Double) Feld zählt den doppelten Punktwert, der im Metallring angegeben ist. Es misst acht mm in der Höhe, woraus sich eine Fläche von 417 mm² errechnet; es passen also gut drei Bullseyes in ein Double.

Das innere (Triple) Feld zählt den dreifachen Punktwert, der im Metallring angegeben ist. Wie das Double misst es acht mm Höhe, ist aber deutlich enger. Es ergibt sich eine Fläche von 254 mm², doppelt so groß wie das Bullseye. Das äußere Single ist mit 2323 mm² (also 23,2 cm²) vergleichsweise riesig.

Diese Dimensionen veranschaulichen, wie unterschiedlich schwer es ist,

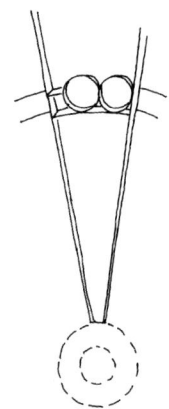

Zwei Bullseyes passen in ein Triple.

Ziele zu treffen, und man kann das auch an der eigenen Entwicklung sehr gut nachvollziehen. Der Anfänger wird bald einmal drei Darts in einem Single vereinen können, das nächste große Erfolgserlebnis werden drei Darts im Single Bull sein; dann wird es aber lange dauern, bis er die erste 180 (3 × T20) werfen wird.

Die oben angegebenen Dimensionen stimmen eigentlich nicht mehr. Diese Angaben gelten nämlich für die traditionelle Spider. Das ist das Drahtgeflecht aus rundem Draht, das ein Jahrhundert lang gute Dienste geleistet hat, wobei der Draht etwa einen Millimeter dick ist. Die modernen Boards (und damit auch die Turnierboards) haben ein in die Sisal-

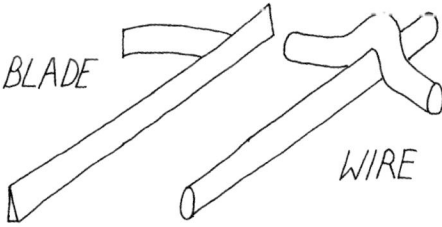

Das Blade Model gibt mehr Platz her.

15

fasern eingelassenes »blade wire system«, also schmale »Klingen«. Die Breite der Doubles und Triples beträgt demnach heutzutage eigentlich fast neun mm.

Wenn man nun hoch scoren will, zählt die T20 nicht nur mehr als das D25, auch ist die Chance 60 mit T20 zu treffen doppelt so groß als 50 mit dem Bullseye. Aber: Wenn man die T20 verfehlt schreibt man im nahen Umfeld im besten Fall S20 und mit abnehmendem Glück T5, S5, T1 oder sogar nur bittere 1 auf der S1. Wenn man hingegen das D25 verfehlt, schreibt man, wenn man gut ist, S25; sonst eine Zahl von 1 bis 20 (S1-S20) – durchschnittlich also 10,5 Punkte.

Nun ist die Punktevergabe rund um den Kreis aber nicht nur zufällig verteilt – an die höchsten Werte grenzen gern die niedrigsten an. Wer auf die 20 geht läuft Gefahr auf 1 oder 5 zu landen, wer auf die 19 geht auf 3 oder 7, um die 18 liegen 1 und 4, um die 17 liegen 2 und 3.

Der Legende nach wurde 1896 die Anordnung der Zahlen von Brian Gamlin aus Lancashire festgelegt und danach nicht mehr verändert. (Diese Legende hielt über 100 Jahre. Heute nimmt man an, dass es in Wirklichkeit ein gewisser Thomas William Buckle war; warum er jedoch diese Anordnung getroffen hat, wissen wir weiterhin nicht.)

Wenn man nun die Klasse eines Spielers betrachtet, ergibt sich aufgrund der Anordnung der Zahlen als **Wurfempfehlung** für einen optimalen Punktegewinn daraus folgendes:

- Ein guter Spieler geht auf T20. Die paar Darts, die in der 1 oder 5 landen (S oder T), werden mit dem hohen Score von T20 leicht kompensiert.
- Wenn man etwas schwächelt, zielt man etwas über und links von der T20 – bringt mehr S20, T5 und S5, aber leider auch weniger T20 und hoffentlich weniger S/T1.

- Ein etwas schwächerer Spieler ist am besten beraten, auf die T19 zu gehen. Hier hat er mit 7 und 3 etwas besser zählende Ausreißer.
- Ein Anfänger sucht sich am besten einen Zielbereich, der links neben/unter dem Bull liegt. Die 16 hat mit 7 und 8 akzeptable Nachbarn. Die 14 grenzt an 11 und 9.

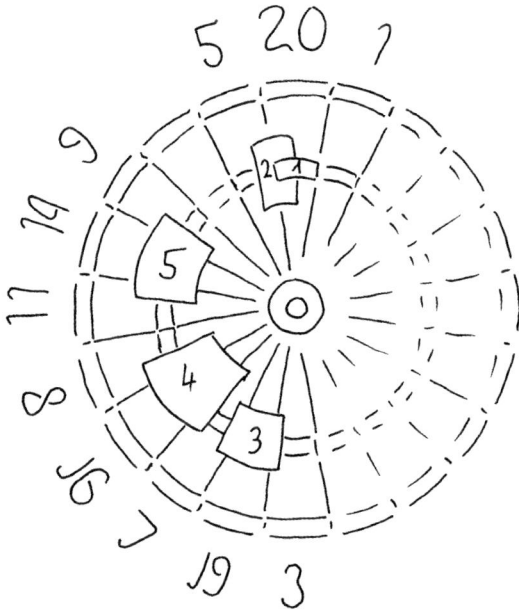

Wurfempehlungen nach spielerischem Niveau.

Ein Wurf auf S20, S1 und S5, der 26 Punkte zählt, wird traditionell als »Chips« bezeichnet (von »Fish and Chips«, manchmal auch »Bed and Breakfast« genannt. Diese beiden britischen Spezialitäten kosteten wohl früher einmal Two Shillings and Sixpence – eine Anlehnung an die 26 Punkte).

So wie »Chips« um die 20 26 Punkte macht, ergibt ein »Chips«-Bild um die 19 analog 29 Punkte, 18-»Chips« 24, 17-»Chips« 22, 16-»Chips« 31, 15-»Chips« 27 und 14-»Chips« gar 34.

À la longue macht das Scoren aber nur auf T20 mit Wechsel auf T19 oder T 18, wenn T20 »verbaut« oder einem einfach danach ist, wirklich Sinn und Spaß.

Zumeist liegt übrigens eine gerade Zahl neben einer ungeraden – aber nicht immer. Dieses Detail ist im Finish nicht unwesentlich. Wir werden später darauf zu sprechen kommen.

Die Anlage

Das Board wird mit dem Zentrum, dem Bullseye, auf 1,73 Meter Höhe aufgehängt. Diese Zahl ergibt sich aus der Beobachtung, dass ein erwachsener männlicher Brite durchschnittlich 6 feet groß ist und daher sein Auge in dieser Höhe liegt (5 feet 8 inch entspricht 1,73 cm)

Die Distanz von der Scheibe zur Wurflinie beträgt 2,37 Meter. Achtung: Niemals von der Wand messen, denn das Board ist 4 cm dick, und das Wandbrett, auf dem das Board befestigt ist, noch einmal 1–3 cm (siehe Abbildung unten).

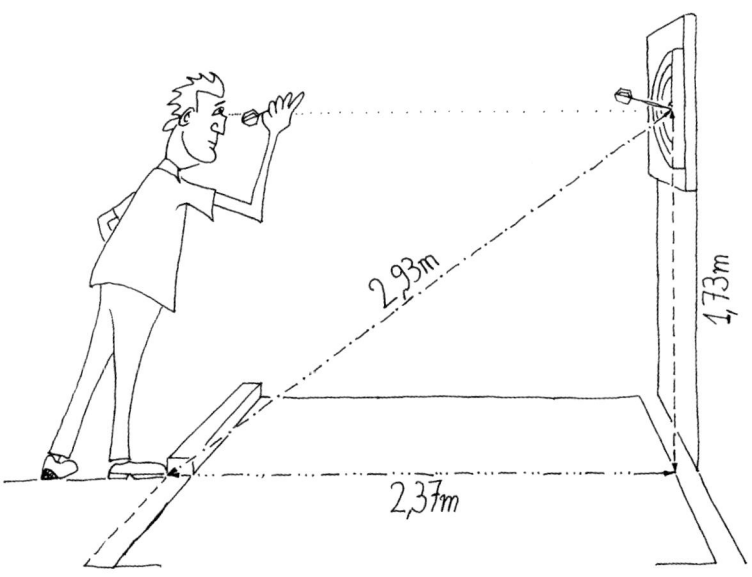

Eric Bristow am Oche

Aus $a^2 + b^2 = c^2$ kann man sich die Distanz vom Bullseye zur Oche (der Fußleiste) errechnen, 2,93 m (Pythagoras war also doch nicht umsonst …). Dieser dritte Wert wäre ja eigentlich nicht nötig, ermöglicht aber die Verifizierung der beiden ersten Abmessungen bei der Montage und ist zur Kontrolle sehr empfehlenswert, denn Fehler sind in der »Luftlinie« wesentlich geringer als bei der Messung »ums Eck«.

Das Board wird übrigens an einer einzigen Schraube im Zentrum der Rückseite aufgehängt. Dadurch wird einerseits das Anbringen des Boards in korrekter Höhe erleichtert, andererseits erlaubt es das Drehen des Boards. Da es ja auf speziellen Feldern (T20, T19, …) besonders verschleißt, kann man diese durch Drehen des Boards schonen und es hält länger. Weil es dadurch auch immer etwas locker und wackelig hängt, fixiert man es nach exakter Positionierung, indem man hinten zwei oder drei Keile einklemmt (häufig wird hierfür ein Bierdeckel verwendet).

Die/Das Oche

Die Oche (sprich »oki«) ist die Standleiste. Das 2 × 2 cm Vierkantholz sollte 61 cm lang sein (hier gibt es nationale Unterschiede der Verbände). Das Wort kommt wohl von »hockey«, sollte dann aber zumindest im Schriftbild nicht verwechselt werden (erstaunlich, denn Rechtschreibreformen sind im Englischen eigentlich unüblich).

Viele werden zur Verwendung einer Bodenmarkierung ohne Erhebung (etwa ein Klebeband oder eine Matte) gezwungen sein, wenn Mitbewohner untersagen, die Leiste auf den Parkettboden mitten im Wohnzimmer anzuschrauben.

Diese Leiste ist aber nicht ganz unwichtig für das Ritual der Vorbereitung auf den Wurf. Nach dem Warten hinter der Standing Area mit Konzentrationsaufbau beginnt die Aufnahme mit der Positionierung des Fußes an der Leiste. Michael van Gerwen schlägt zum Beispiel mehrmals zart dagegen, um nur ja keinen Millimeter herzuschenken.

Achten Sie bei der Montage auf die Fehlerquelle: Messpunkt ist der Boden, nicht die Oberfläche des Oche.

Beim *E-Darts* sind die Vorgaben der Anlage identisch, was den E-Dartspielern die Teilnahme an Steel-Bewerben erleichtert. Früher lag die Höhe des Boards bei 1,72 m, die Entfernung der Oche bei 2,44 m.

Noch immer gilt, dass die Barrels maximal 18 g wiegen und 16,8 cm lang sein dürfen. Sonst sind alle Dimensionen gleich, es sei denn, es handelt sich um ein vom Standard abweichendes Board, etwa mit größerem Bull, Doubles und Triples. Diese sogenannten Bullshooter haben eine Lochreihe pro Bull, Triple und Double mehr.

Steeldart-Profis benutzen hingegen fürs Training Sisal Boards mit kleineren Doubles und Triples.

Wie viel Platz brauche ich?

Bevor Sie sich nun Ihre Anlage im Wohnzimmer planen, sollten Sie noch eines bedenken: Der Spieler, der gerade nicht dran ist, wartet für gewöhnlich hinter dem, der an der Oche steht und zwar in einem fixen Mindestabstand von 1,22 m. Diese Größe markiert die Standing Area hinter dem Oche. In die Standing Area einzutreten und an die Oche vorzurücken, gehört zum Ritual der Aufnahme. 2,37 m plus 1,22 m ergeben

Genug Platz eingeplant?

schon 3,59 m und hier sollte nun noch ein gemütlicher Wartebereich von mindestens 1,5 m dazugerechnet werden. Man benötigt folglich einen gut vier Meter langen Raum. Alternativ ist natürlich die Anordnung des Wartebereichs auf der Seite möglich. Auf das Feeling vom geraden Vortreten an die Oche muss man dann aber leider verzichten.

Das Scoreboard

Es gibt eine Reihe von Accessoires im Darthandel, deren Sinnhaftigkeit man in Frage stellen kann. Was man meiner Meinung nach wirklich braucht, ist ein Scoreboard. Eine normale Tafel oder ein Block würden es natürlich auch tun, aber für eine Pub-Atmosphäre in den eigenen vier Wänden wäre ein richtiges Scoreboard förderlich. Falsch merken und falsch rechnen geht nur solange gut, solange man alleine im Training spielt, ansonsten sollte man immer mitschreiben, um Streitereien vorzubeugen (siehe auch »caller« und »chalker«, Seite 86).

Die Darts

Die Pfeile sind das grundlegende Zubehör dieses Sports und werden Darts (Singular: Dart) genannt. Das klingt besser als »Pfeil« – und Pfeil hieße übersetzt ja auch »arrow«. Man sollte mindestens drei Darts besitzen, aber zur gleichen Zeit auch nicht mehr als drei in die Hand nehmen. Auch Profis trainieren immer mit nur drei Darts und holen dieselben drei Darts für die nächste Aufnahme wieder aus dem Board.

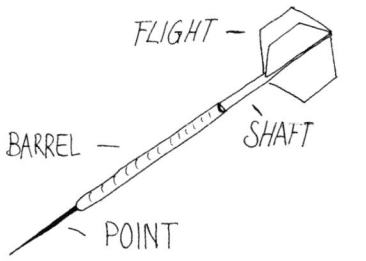

The Dart.

Darts wurden anfangs aus Holz hergestellt, die Flights aus Truthahnfedern. Um dem Barrel mehr Gewicht zu verleihen, wurde später Blei verwendet, das in der weiteren Entwicklung dann durch geeignetere Metalle ersetzt wurde: Erst Messing, dann Silber-Nickel, zuletzt Wolfram (engl.: Tungsten), was heutzutage den Standard darstellt. Die Darts wurden dadurch schlanker und schwerer zugleich – beides ist grundsätzlich bis zu einem gewissen Grad erwünscht. Die Flights aus Truthahnfedern wichen gefalteten Papierflights, diese denen aus Nylon in fixer Form. Heutzutage sind sie im Hinblick auf Design und Farbe in allen erdenklichen Varianten erhältlich.

The Point – die Spitze

Sie ist aus Stahl, eingetrieben oder angeschraubt. Sie sollten weder zu spitz noch zu stumpf sein, am besten man rundet sie leicht ab. Das vermindert Fehlwürfe, weil sich nadelspitze Darts leichter in den Draht bohren und dann abprallen, während abgerundete eher am Draht abgleiten und schließlich im Board steckenbleiben. Spezielle Darts-»Spitzer« (»sharpener«) gibt es im Handel.

The Barrel – der Körper

Bei den Barrels gibt es entscheidende Unterschiede. Jeder muss sich da durchprobieren, um herauszufinden, was ihm am besten liegt. Die meisten Spieler zieht es zu schlanken Darts, weil davon mehr nebeneinander in die kleinen Triple-Felder passen. Der Einsatz des schweren Metalls Wolfram hat die Herstellung sehr schlanker Darts möglich gemacht. Interessanterweise spielt aber gerade der Superstar Phil Taylor mit einem recht dicken Model.

Neben der Form ist das Gewicht von Bedeutung. Keiner der Top Spieler benutzt Darts über 26 g, die meisten um die 22 g: Phil Taylor 26 g, Michael van Gerwen 25 g, John Part 24 g, Raymond van Barneveld 23 g, Wayne Mardle 23 g, Andy Hamilton 23 g, Wes Newton 22 g, Gary Anderson 22 g, Simon Whitlock 22 g, Eric Bristow 22 g, John Lowe 21 g, Adrian Lewis 21 g, James Wade 21 g, Thomas Seyler 21 g, Mark Webster 20 g, Kevin Painter 19 g, Colin Lloyd 18 g, Mensur Suljovic 18 g, Dennis Priestley 14 g.

Vorgaben der Verbände für Turniere

Ein Barrel im Steel-Dart darf nicht schwerer als 50 g und nicht länger als 30,5 cm sein (niemand käme jedoch ernsthaft auf die Idee solche »Armbrustbolzen« zu benutzen). Im elektronischen Darts ist das Gewicht mit 18 g und die Länge mit 16,8 cm begrenzt.

The Shaft – der Schaft

Heutzutage sind Plastikschäfte angesagt, denn sie halten länger und verbiegen sich nicht. Bei Aluminium-Schäften kommt es vor, dass der Rear durch einen »Robin-Hood-Wurf« aufgebohrt oder verbogen wird. Ein verbogener Schaft wirkt sich auf die Flugeigenschaften aus und kleine Verbiegungen sind mit dem bloßen Auge nicht sichtbar (rollen Sie den Dart über eine glatte Oberfläche und prüfen Sie, ob der Schaft eiert).

Die Schaftlänge ist ebenfalls entscheidend, weil sie den Schwerpunkt des gesamten Darts beeinflusst; und nahe am Schwerpunkt sollte man den Dart ja greifen. Wenn der Dart also »übersteuert«, dann könnte es an der Länge liegen – probieren geht über studieren.

Für Aluminiumschäfte braucht man übrigens zusätzlich ein »Shaft Lock System«, zu Deutsch kleine Gummiringe, die zwischen Shaft und Barrel kommen, damit sich das Gewinde nicht pausenlos lockert.

The Fletching – der Flight

Der Flight hat für die Aerodynamik des Darts und damit für die Flugeigenschaften große Bedeutung. Auch hier muss man ein wenig durchprobieren. Die Flugeigenschaften sind übrigens wichtiger als das Design. Wenn die Flights beschädigt sind, sollte man sie frühzeitig austauschen.

Vor dem Hintergrund der technischen Weiterentwicklungen hin zu modernen Darts ist die Leistung eines gewissen William »Big Foot« Annakin als außergewöhnlich einzustufen. Vor gut hundert Jahren trug sich nämlich Folgendes zu: James Garside war ein Pub-Besitzer aus Leeds, der es drauf ankommen ließ. Man muss wissen, dass zu jener Zeit in Leeds das Glücksspiel in Pubs verboten war, und Garside wurde 1908 vor Gericht gebracht, weil er in seinem Pub Darts erlaubte. Zu seiner Verteidigung ließ er vor Gericht seinen besten Spieler als »Zeugen« auftreten: William »Big Foot« Annakin. Dieser warf zur allgemeinen Bewunderung eine astreine 180 (drei Mal Triple 20). Ein Gerichtsdiener, der daraufhin zu Vergleichszwecken herangezogen wurde, traf jedoch kaum das Board. »Big Foot« beendete seine Show schließlich mit dreimal Double 20, und das abschließende Urteil des nun überzeugten Richters ging als Geburtsstunde des Darts als anerkannter Sport in die Geschichte ein: »This is no game of chance.«

Alles rund ums Werfen

Es ist schon erstaunlich: Zwar geht es »nur« darum, einen Pfeil möglichst zielgenau zu werfen, aber die individuellen Techniken, die Spitzenspieler hierfür anwenden bzw. ihnen ihr Nervenkostüm aufzwingt, könnten unterschiedlicher nicht sein. Nach einer Weile kann man einen Spieler allein anhand dessen Wurftechnik und Haltung des Dart identifizieren. Es gilt zunächst: alle Wege führen nach Rom. Zwei Grundregeln, an die sich jeder halten sollte, gibt es allerdings doch:

1. Wer mit der rechten Hand wirft, hat den rechten Fuß vorne.
2. Der Wurf wird immer durchgezogen, das heißt: bis der Arm gestreckt ist.

Beim Ballwurf kommt das linke Bein vor.

Wann immer bei Beschreibungen zur Technik Seitenbezeich-
nungen benutzt werden, so beziehen sie sich auf Rechtshänder, und für Linkshänder gilt das Gegenteil. Ich meine, dass
Linkshänder selbstverständlich gleich gutes Darts spielen können wie Rechtshänder. Es fällt aber auf, dass es sehr viel weniger Linkshänder im aktuellen Profi-Circuit gibt als Rechtshänder (mir fallen aktuell eigentlich nur James Wade und Mark
Webster als Linkshänder ein). Dass linkshändige Tennisspieler
gegenüber Rechtshändern einen geringen Vorteil haben – weil
sie von den Rechtshändern eher auf der Vorhand bedient werden – kommt beim Darts ja nicht zum Tragen, aber Linkshänder spielen beim Darts quasi auf ein seitenverkehrtes Board
(linke Schulter vorn). Da das Board für alle gleich ist, liegt z. B.
die D16 (ein extrem wichtiges Feld, wie wir noch sehen werden) links unten. James Wades Lieblings-Finish ist nach D20
die D10, die auf der rechten Seite in einer D16-ähnlichen
Position liegt. Hat das etwas zu bedeuten?

The Stance – Der Stand

Der Wurf beginnt damit, dass man
sich richtig an das Oche (die
Standleiste) stellt. Richtig bedeutet hier, dass man sich gut und
bequem dabei fühlt. Eine ver-
drehte Position kann für den einen
die besten Ergebnisse bringen, für
den anderen nur schlechte Würfe
und Knie- oder Rückenschmer-
zen.

*Nur ja keinen Millimeter
verschenken!*

29

Ein Rechtshänder stellt sich mit dem rechten Fuß voran an das Oche. Dem gegenüber sieht man bei blutigen Anfängern manchmal den »irren« Stand (linkes Bein vorne, rechter Arm wirft), bis der Instinkt siegt und das richtige Bein nach vorne gestellt wird.

Der Stand ist die entscheidende Basis für einen technisch guten Wurf und das Einnehmen dieser Position ist ein wichtiges Ritual für Spannungsaufbau und Konzentration. Einige Spieler versuchen, sich regelrecht am Oche einzugraben, wie Michael van Gerwen, wenn er mehrmals gegen das Oche schlägt, um nur ja keinen Millimeter zu verschenken.

Die Fußstellung kann nun von kerzengerade Richtung Board, wie beispielsweise bei Simon Whitlock, bis 90° zur Seite hin, wie etwa bei Phil Taylor, variieren. Der seitliche Stand hat den Vorteil, dass man durch Vorziehen der rechten Schulter die Entfernung zum Board verringern kann. Beim Testen beider Positionen werden Sie rasch feststellen, was Ihnen überhaupt nicht liegt (und eventuell rasch aufs Kreuz oder andere Gelenke geht).

Je weiter man sich nach vorne beugt, desto mehr braucht man ein Gegengewicht: Das linke Bein wird dann entsprechend weit nach hinten geführt. Weite Vorbeuger sind zum Beispiel Michael van Gerwen, Colin Lloyd, Simon Whitlock und Roland »The Tripod« (»das Stativ« – nomen est omen) Scholten.

Die Schuhe sind übrigens nicht das unwichtigste Accessoire des Darts Spielers. Nicht, dass spezielle Darts-Schuhe zum Einsatz kämen, aber abwechselnd barfuß, mit Flip-Flops oder hohen Absätzen zu spielen, täte der Konstanz Ihres Spiels sicher nicht gut. Hier geht es zum einen natürlich darum, dass die Schuhe bequem und eingetragen sein müssen, zum ande-

*Simon Whitlock
frontal am Oche*

ren ist es aber auch wichtig, dass es die gleichen – genauer gesagt die gleich hohen – Schuhe sind, denn mit der Distanz zum Board nehmen wir es extrem genau.

Der Dresscode bei Steel-Dart-Wettbewerben sieht übrigens dunkle Hose und schwarze Schuhe vor.

Am Oche stehen die meisten Spieler mittig, das heißt, die Mittellinie zum Bull führt zwischen Zehen und Ferse des vorderen Fußes. Je weiter sich ein Rechtshänder nach links bewegt, umso mittiger werden seine rechte Schulter und der Unterarm (und somit die Wurfachse) – das kann von Vorteil sein. Einige Spieler (etwa John Lowe und Wes Newton) stehen hingegen unnötig weit rechts. Aus ihrem Blickwinkel muss sich das Board schon fast zum Oval verzerren – ihre Erfolge gaben ihnen jedoch Recht.

Beim hohen Scoring bleibt man alle drei Darts lang in gleicher Position stehen. Wenn es im Finish um verbaute Doubles geht, kommt es öfter vor, dass Spieler weit zur Seite hin ausweichen, um wieder volle Sicht auf das Ziel zu haben. Der Wurfrhythmus leidet zwar etwas darunter, aber die Vorteile können überwiegen. Ob man sich nun neu positioniert oder nicht: Entscheidend sind schlussendlich das Gefühl und die Nerven in der spezifischen Situation.

The Grip – der Griff

Als Primaten besitzen wir eine außerordentliche Beweglichkeit im Daumensattelgelenk (das ist das Grundgelenk des Daumens an der Handwurzel), sodass wir diesen entscheidenden Evolutionsvorteil auch beim Darts zu nutzen wissen. Wir halten den Dart mit dem Daumen an einer Seite, mit den restlichen Fingern auf der anderen Seite. Der Einsatz der Finger zeigt jedoch ausgeprägte individuelle Unterschiede: Phil Taylor hält seine Darts wie eine Füllfeder. Im Kontrast dazu

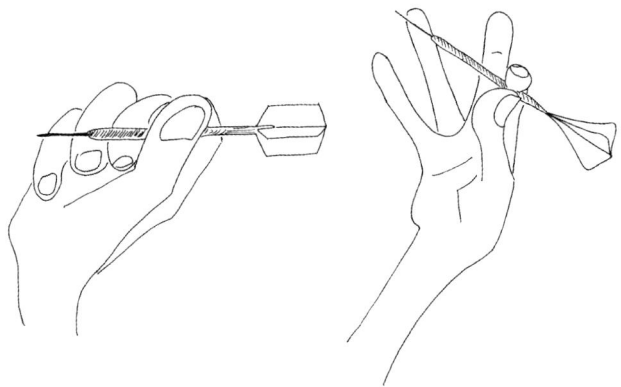

Phil Taylor – Eric Bristow

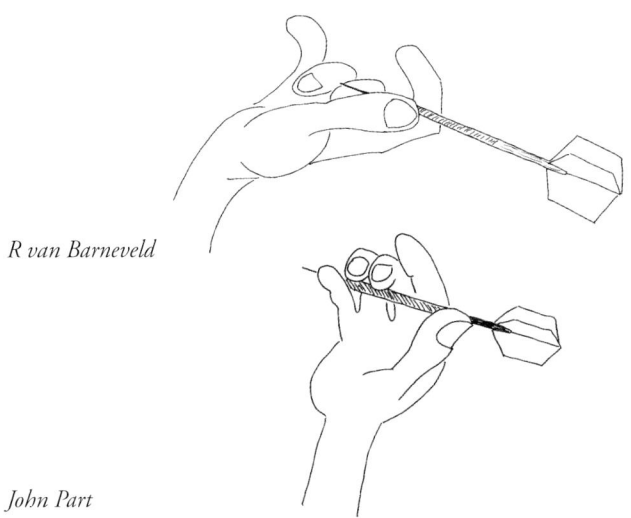

R van Barneveld

John Part

steht John Lowe, der den Dart mit den Fingern zu umhüllen scheint. Eric Bristow war berühmt dafür, den kleinen Finger weit anzuspreizen. Roland Scholten umfasst seinen Dart mit dem Zeigefinger so, dass er fast keinen Daumen mehr bräuchte. Raymond van Barneveld scheint den Zeigefinger überhaupt nicht zu gebrauchen, und John Part klemmt seinen kleinen Finger unter den Point …

Der Dart ist für gewöhnlich gerade gestellt, kann aber auch windschief gehalten werden. Ringfinger oder Mittelfinger stützen häufig den Point. Die Handfläche ist manchmal massiv nach hinten gedrückt. Oft scheint es, dass die Finger sehr unnatürlich verrenkt werden. Manche Spieler drehen den Dart rituell noch ein wenig zurecht oder sie wollen ihm beim Wurf Spin mitgeben.

Probieren Sie alles durch und »gnothi seauton« (»erkenne dich selbst«, Inschrift am Apollotempel des Orakels von Delphi) – finden Sie Ihren eigenen Weg.

Haltung des Arms

Der Ellbogen weist immer nach vorne. Er bildet einen Fixpunkt auf dem der Unterarm den Katapult darstellt. Dazu muss man sich anfangs häufig ein wenig zwingen: Drücken Sie den Ellbogen bewusst in die Mittellinie.

Das Zielen

Wir haben leider kein Fadenkreuz und auch nicht Kimme und Korn. Dennoch stellt sich jeder Spieler mehr oder weniger lange und genau das Ziel ein, ganz unbewust über das dominante Auge (beim Rechtshänder fast immer rechts), und damit über die dominante Seite. Das ist nicht zuletzt auch für die Konzentration von Bedeutung. Viele Spieler werfen oft so schnell hintereinander, dass sie dazwischen unmöglich ernsthaft erneut zielen können. Hier kommt Gefühl und Rhythmus zum Tragen. Phil Taylor konzentriert sich bei jedem einzelnen Wurf – man sieht ihm die Anstrengung und den Ehrgeiz dabei richtig an. Zu diesem Thema gibt es mehr unter den Kapiteln Consistancy und Accuracy (Seite 42).

The Throw – der Wurf

Der Wurf unterteilt sich in drei Teile:
1. Das Zurückziehen, Ausholen oder »Spannen« – The Draw
2. Das Durchziehen – The Launch
3. Die Freigabe (des Darts) – The Release

Drawing the Dart – Ausholen Auch wenn kein großer Krafteinsatz notwendig ist: Ein wenig Schwung muss man auch beim Darts nehmen. Der Körperstamm bleibt unbewegt, denn der Wurf soll soweit als möglich aus dem Arm kommen.

Unweigerlich muss der Dart beim Ausholen aus seiner »Ziel«-Lage heraus – die Spitze geht nach oben. Diese Abweichung ist für die meisten Spieler aber auch schon das Einzige, was sie zulassen, und diese Technik ist wohl auch als Standard zu sehen und zu empfehlen. Je weiter man »den Bogen spannt«, also nach hinten ausholt, desto mehr wird der Dart Richtung rechte Schulter geführt und nimmt daher eine zweite Achsabweichung ein. Ich persönlich überspanne hier den Bogen, und ich kann einfach nicht anders. Es hat mich fast schon verrückt gemacht, dass mir die Standardbewegung gegen den Strich – wider die Natur – ging, bis ich beim genauen Hinsehen

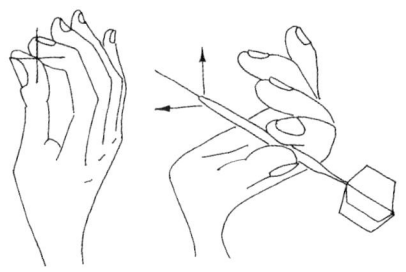

Achsabweichung durch den Draw

erkannte, dass beispielsweise Eric Bristow die Hand in gleicher Weise zum rechten Ohr zieht (zusätzlich greift er den Dart ja auch auf recht ungewöhnliche Weise). Auch bei anderen Topspielern kann man diese Bewegung beobachten, und wenn man sich in einer so exquisiten Gesellschaft befindet, fühlt man sich mit einer extravaganten Technik gleich wohler.

Was man daraus lernen kann? – Wer trifft hat Recht.

Vor dem endgültigen Ausholen zum Wurf sieht man übrigens bei einigen Spielern ein kurzes, federndes Wippen, etwa bei Adrian Lewis.

Ich empfehle, die Spitzenspieler in Internet oder im Fernsehen genau zu beobachten und zu versuchen, verschiedene Techniken ein wenig nachzuahmen (Phil Taylors Grip und Wurf brauchte ich nur einmal zu imitieren und wusste sofort, dass das nichts für mich ist …)

The Launch – Das Durchziehen Wichtig ist beim Launch, dass der Arm harmonisch und rund, nicht zu schlapp und ja nicht steif, möglichst immer gleich durchgezogen wird, und zwar bis zum Ende: also bis der Arm gestreckt ist und die Hand wie »ausgeschüttelt«. Michael van Gerwen sagt: »dem Dart mit dem Arm ins Ziel folgen«. Das kann man sich aneignen – anfangs muss man sich ein wenig überwinden, da es einem wiederum gegen die Natur zu gehen scheint. Wenn man aber nicht bis zum Ende durchzieht, dann bleibt es nicht aus, dass man in Wirklichkeit den Dart nicht wirft, sondern schleudert oder stößt. Das ist dann kein echtes Darts mehr, und – abgesehen von der Effektivität – ist es auch weniger ästhetisch. Sehen Sie sich ein Turnier im Fernsehen an und achten Sie bewusst darauf.

The Release – Die Freigabe (und Dartitis) Man möchte gar nicht glauben, wie wichtig dieses Detail im Wurf ist. Aber wenn man den Arm voll durchzieht, dann wird man instinktiv den richtigen Moment für die Freigabe des Dart finden, nämlich zum Ende des Launches (des Durchziehens) hin. Und die Augen bleiben bis zum Schluss im Ziel – keine Ablenkung zulassen.

Solange man kein Problem mit der Freigabe hat, sollte man sich keine Gedanken über **Dartitis** machen. Immer wieder werden wir zwischendurch spüren, dass im Wurf etwas unrund lief und wir beim Freigeben ein wenig geklammert haben. In der Regel handelt es sich dabei einfach um einen missglückten Wurf, und beim nächsten Versuch ist wieder alles normal.

Sollte diese technische Schwäche jedoch über einen längeren Zeitraum konstant auftreten, hat man ein gravierendes Problem. Die Unfähigkeit, den Dart zum rechten Zeitpunkt loslassen zu können, wird als Dartitis bezeichnet. Eric Bristow ist das prominenteste Opfer dieser Störung, die bei ihm während der Swedish Open 1987 plötzlich auftrat. Es gibt sehr ähnliche Phänomene auch beim Bowling und beim Golf (im Golfsport nennt man es »Yips«, es tritt beim Putten auf. Bernhard Langer war mehrmals betroffen und wich deshalb auf einen extralangen Putter aus).

Als Ursache der Störung wird natürlich primär die Psyche angenommen, und die Psyche kann mit uns bekanntlich die erstaunlichsten Dinge anrichten. Das Krankheitsbild wird aber von Neurologen auch als Form der Dystonie gesehen, und das macht es, zumindest teilweise, zu einer nicht-psychischen Sache. Jeder von uns kennt die Dystonie eventuell von der Beobachtung von Menschen, die unwillkürlich Grimassen ziehen, den Mundwinkel rauf ziehen, am Augenlid zucken oder den Hals verdrehen und überspannen. Die Medizin kennt auch den Schreibkrampf und die Musikerdystonie. Betroffene Musiker können plötzlich nicht mehr in gewohnter Weise Gitarrensaiten zupfen oder Klaviertasten anschlagen.

Um eine Entzündung handelt es sich bei Dartitis übrigens nicht, wie die Endung »-itis« fälschlicherweise andeutet.

Aber was wäre dann eine Dartose? Ich würde vorschlagen, damit das stille, halblaute, murmelnde, manische, unablässige, grimassierende, paranoide, schizoide, neurotische, ideenreiche Fluchen zu bezeichnen, das jeder missglückten Aufnahme unweigerlich folgt – also eigentlich ein ganz normales Verhalten …

Slumps – Formtiefs Ich warne davor, jedes Formtief gleich als Dartitis zu bezeichnen. Wir nehmen beim Darts, wo es um Millimeter geht, kleinste Schwankungen in der Performance subjektiv und objektiv sofort als sehr gravierend wahr. Formtiefs müssen überwunden bzw. durchtaucht werden. Manchmal hilft es, das Training etwas zu kürzen, wenn Überforderung die Ursache sein könnte. Für gewöhnlich braucht es aber nur ein wenig Zeit und Geduld, bis wieder alles beim Alten ist.

Die linke Hand Die linke Hand hält die Darts – so einfach ist das. Die einzige Anforderung, die an sie gestellt wird, ist, dass die Darts nicht permanent herunterfallen und die Wurfhand diese leicht annehmen kann. Bemerkenswert ist, dass man Spielern auch hier oft deutliche Unterschiede im Körperausdruck ansehen kann. Denn die beim Werfen des dritten Darts leere Hand scheint ebenfalls noch eine Funktion zu erfüllen: Niemand lässt sie dann nutzlos runter hängen. Vor 20 Jahren hatten die Profis mit der linken Hand auch noch die Zigaretten zu halten. Sehen Sie sich Bristow vs. Wilson im Internet an: Beide qualmen wie blöd.

Darts holen Nach dem Wurf holt man sich seine Darts aus dem Board. Grundsätzlich ist es schonender für das Board, wenn man sie einzeln und achsengerecht herauszieht. Wenn man aber einen schönen Cluster im T20 stecken hat, wird man es sich kaum nehmen lassen, die Darts genüsslich mit einer Hand in einem Schwung cool rauszuziehen.

Jocky Wilson and the good old times.

Außerdem bieten die 2,37 m zum Board auch Raum für Emotionen. Lassen Sie sie jetzt raus, denn anschließend kommt Ihr Gegner dran, und Sie beginnen sich schon wieder zu konzentrieren. Auch Topspieler können bei einer 180 nicht ruhig und emotionslos bleiben, und wenn sie noch so viele davon werfen.

Technik okay? Ob man im Ziel ist oder nicht, ist einfach zu kontrollieren. Ob die Darts einen schönen Cluster bilden auch. Ob die Darts aber »schön« ins Board gegangen sind, kann man nur im Steel-Darts gut sehen, da sie im E-Darts ja parallel und gerade aufgerichtet werden.

1. Die Darts sollten parallel zueinander stehen (außer natürlich sie haben einander abgelenkt), dann weiß man, dass man konstant und gleichmäßig geworfen hat.
2. Die Darts sollten nicht nach rechts oder links wegstehen. Dieses Taumeln kann am gewählten Gewicht liegen, an der Schaftlänge oder schlimmer: an einer falschen Wurftechnik. Man muss es unbedingt ausmerzen.
3. Die Darts schlagen in einem geringen Neigungswinkel ein, der abhängig von Kraft und individueller Technik jedoch sehr unterschiedlich sein kann.
Der Neigungswinkel unterscheidet sich entsprechend der Flugkurve logischerweise auch in Anhängigkeit des Ziels. In den oberen Boardbereich schlagen sie eher »wie Geschosse« ein, in den unteren »fallen« die Darts.

Übrigens: Wer schon ein E-Dart-Board besitzt und wer nicht gern Kopf-rechnet, und wer leichte Darts liebt, der soll trotzdem einmal ein Sisal-Board mit Steel-Darts testen. Achtung: Suchtpotential! Denn: To Steel or not To Steel, das ist eine Stilfrage.

Rhythmus Egal ob im Match, bei einer Runde unter Freunden oder alleine beim Training. Beim Darts wirft man immer drei Darts unmittelbar hintereinander. Der erste Dart verlangt die längste Vorbereitung; man stellt sich korrekt an das Oche, bringt den Wurfarm hoch, rastet kurz in Position und konzentriert sich. Dann kommt der erste Wurf. Der zweite und dritte Dart folgt gerne in einem ganz bestimmten Rhythmus. Beim Highscore muss der erste Dart gar nicht genau im T20 sein und dennoch bleibt man besser im Wurfrhythmus – die Chancen stehen gut, dass der zweite und der dritte Dart in die T20 gehen.

Adrian Lewis – 180, probably.

Wenn aber im Finish ein Dart nicht trifft, ist der Rhythmus meist unterbrochen. Man muss sich neu orientieren, eventuell nachrechnen, sich vielleicht an der Oche neu positionieren und dieser zweite oder dritte Dart wird dann, gefühlt wie ein erster, wieder sehr konzentriert gespielt.

Vor allem die Schnellspieler leben regelrecht von diesem Rhythmus: Michael van Gerwen, Adrian Lewis und Vincent van der Voort. Phil Taylor hingegen spielt vergleichsweise langsam mit einer sagenhaften Konzentration vor jedem Wurf. Der langsamste Spieler mit den längsten Pausen zwischen den Würfen ist Justin Pipe. Im Fernsehen wirkt sein Wurfrhythmus schon fast einschläfernd, denn wir sind es ja gewohnt, dass beim Darts ständig etwas passiert und die Spannung fortschreitet: Alle drei Minuten eine Entscheidung, die guten Kameraeinstellungen, die das Spiel antizipieren, machen Darts auch im TV so attraktiv.

Consistancy and Accuracy – Konstanz und Zielgenauigkeit Diese beiden Fähigkeiten machen eigentlich alles aus und stehen im Zentrum des Buches.

Consistancy – Konstanz – Grouping the Darts Daran müssen Sie als Allererstes arbeiten. Ihre drei Darts sollten, wenn Sie sie alle gleich werfen, quasi wie drei Magnete aneinander kleben. Die Voraussetzung dafür ist, dass die drei Würfe völlig gleich und harmonisch ablaufen und das identische Ergebnis bringen. Hier arbeitet unbewusst das Kleinhirn, indem es den tausendfach trainierten Bewegungsablauf reproduziert. Beim Training der Consistancy ist es nicht so wichtig, was man trifft, Hauptsache der zweite Dart schmiegt sich an den ersten und der dritte ebenso. Das Bild der drei dicht nebeneinander steckenden Darts nennt man auch Grouping und das Training dann scherzhaft Gruppentherapie. Als Ziele nimmt der Geübte gängige Triple, Double und das Bullseye, wobei, wie gesagt, nicht das Treffen, sondern das Grouping infolge einer identischen Wurfbewegung wichtig ist.

Der 42-jährige Steve Geary warf 2001 eine 180, obwohl er als 18-Jähriger erblindet war. Der erste Dart war ein wenig Glück, die beiden folgenden Consistancy. Eine 180 mit verbundenen Augen ist Profispielern übrigens auch schon bei Shows gelungen.

Der Anfänger wird mit der Consistancy ordentlich kämpfen, und die drei Darts auf einem großen Singlefeld zu vereinen, ist schon ein toller Erfolg, vor allem, wenn das wiederholt gelingt. Als nächstes wird man es schaffen, die drei Darts im Single Bull unterzubringen, aber bis zur ersten 180 ist es meist noch ein langer Weg.

Wer ein Musikinstrument spielt, wird das Phänomen ebenfalls kennen: Ein gut gelerntes Stück läuft »von selbst« (also übers Kleinhirn) ab, und es ist gar nicht so einfach, in der Mitte des Stücks anzufangen, da man ja Abschnitte im Ganzen eingeübt hat.

Alkohol und Koordination

Das Kleinhirn, der Hirnbereich, der Leistungen wie die Koordination bewerkstelligt, wird bereits durch geringe Mengen Alkohol beeinträchtigt. »Kleinhirntests« werden mitunter bei Verkehrskontrollen eingesetzt: Finger mit geschlossenen Augen zur Nase führen oder auf einer Linie geradeaus gehen. Man muss einiges getrunken haben, um

Da säuft sich wer das Double groß!

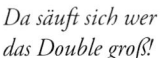

diese Fähigkeiten zu verlieren. Wesentlich früher würde jedoch Ihr Darts schlecht werden (auch Ihr Spiel auf Musikinstrumenten). Es mag Einbildung sein, aber ich spüre bereits den ersten Schluck Alkohol, wenn ich ernsthaft Darts spiele. Wenn ich hingegen aus reinem Spaß spiele, trinke ich umso mehr, um mich nicht über mein zunehmendes Unvermögen ärgern zu müssen … Übrigens: Manche berichten, man könne sich Frauen »schön saufen«; noch nie ist es jedoch jemandem gelungen, sich ein Double oder Triple »groß zu saufen«.

Accuracy – Zielgenauigkeit Die Treffsicherheit auf den Punkt hat wesentliche Bedeutung beim ersten Dart im Highscore, beim Stellen mittels Triple und beim Double Out. Hier ist mehr Konzentration und Zielen im Spiel als bei der Consistancy. Aber was ist Zielen im Darts? – Eigentlich eine Einbildung. In Wirklichkeit konzentriert man sich lediglich auf das Ziel. Man fokussiert vor dem Wurf das Ziel, mehr können wir nicht tun, denn es gibt viel zu viele Variablen. Die einzigen beiden Fixpunkte sind das Dartboard und unser rechter Fuß am Oche. Alles dazwischen ist flexibel: unser Körper, der bis an die Schulter einen verlängerten Fixpunkt darstellen sollte, der sich gering, aber unvermeidbar bewegen muss, Unterarm, Hand und Finger, die sich nach dem »Zielen« zunächst zurückneigen, der Draw, die Flugbahn, die keineswegs dem »Auge-Ziel-Laserstrahl«, sondern immer einer Wurfparabel entspricht. Bei so vielen Unwägbarkeiten hilft Ihnen schlussendlich nur eines: Ihr Kleinhirn, und das kann man leider nur auf eine Art auf seine Seite bringen: Training, Training, Training.

Zur Beruhigung und zur Frustration zugleich folgt an dieser Stelle das Zwischenfazit: Darts ist ein Sport, bei dem Ihnen durch mühsames Training eine stete Verbesserung garantiert ist, so wie lasches oder fehlendes Training nicht nur zur Stagnation, sondern auch zur Verschlechterung führen wird. Die Verbesserungen wird man nicht über Nacht wahrnehmen können, aber es werden plötzlich Momente kommen, an denen einem wie magisch etwas gelingt, was zuvor unvorstellbar war.

The Id – das Unterbewusste – ein bisschen Psychologie Die Bewegungsmuster und teils bizarren Verrenkungen, die man an einem Darts-Abend zu sehen bekommt, kommen ganz tief aus dem Innersten der Spieler, und sie können nichts dagegen tun. Dave Chisnall zuckt beispielsweise bei jedem Wurf mit dem linken Mundwinkel, Stephen Bunting mit dem rechten, und Jocky Wilson hüpfte dem Wurf immer ein bisschen nach. Diese Muster sind individuell so verschieden, aber für den einzelnen Spieler urtypisch. Dem Jazzmusiker Lionel Hampton hing die Zunge beim Xylophonspielen auch in einer Art heraus – das konnte er unmöglich so wollen.

Ein weiteres interessantes Phänomen ist die Vorahnung, die sich in einem schon breitmacht, bevor sich ein Dart ins Board bohrt. Die Psyche kann uns natürlich grundsätzlich in allem rückwirkend täuschen, aber ich bin davon überzeugt, dass unser Nervensystem so brillant ist, dass wir manchmal wirklich vorher wissen, ob ein Dart ins Ziel geht oder nicht.

Es gibt Videodokumente, die zeigen, wie sich Topspieler nach dem letzten Wurf schon zum Shakehands umdrehen, während ihr Dart noch in Richtung Double unterwegs ist.

Gegen wen spielen wir eigentlich? Gegen uns selbst? Nein, natürlich gegen unseren Gegner, aber im Gegensatz zu Tennis oder Fußball, wo uns der Gegner ganz offensichtlich zu Fehlern zwingt, geschieht dies beim Darts nur mit Hilfe des psychischen Drucks, den man mit hohen Aufnahmen und tollen Check-Outs aufzubauen versucht. Der Gegner macht uns Druck, und wir versuchen ihn unter Druck zu setzen – und zwar mit Leistung.

Es wäre nicht zwingend nötig, dass man Darts in Zweikampfform – Spieler gegen Spieler – austrägt. Man könnte ja auch jeden für sich ein paar 501 Double Out herunterspielen lassen und dann den zum Sieger küren, der die wenigsten Darts braucht. Das würde dem Sport aber viel an Spannung und Psychologie nehmen und wurde daher nie ernsthaft in Betracht gezogen.

501 Double Out –
Die Magie, die dahinter steht

501 Double Out ist ein Wettlauf. Entweder man liegt in Füh-
rung, spürt seinen Gegner im Nacken und jeder Turn kann
ausbauen, halten, einbüßen oder überholt werden bedeuten.
Oder man läuft hinterher, dann heißt es abreißen, halten,
einholen und überholen. Die Nerven sind bei jedem Wurf
gespannt, man zittert innerlich am ganzen Körper und das
befreiende Gefühl, am Ende das Double zu treffen, ist irre.

Die Regeln beim 501 Double Out

**Zwei Spieler werfen im Wechsel je drei Darts auf das Board
und machen damit Punkte (Single, Double und Triple),
die vom Ausgangswert 501 abgezogen werden. Wer als erster Null – und zwar genau Null – erreicht, hat gewonnen.
Der letzte Wurf muss allerdings auf ein Doppelfeld erfol-
gen (daher Double Out). Wer überwirft, also in den
Minusbereich kommen würde, erhält vom Caller die
Ansage »No Score«. Diese Aufnahme war dann umsonst
und wird nicht gezählt.**

Wer anfängt, hat einen großen Vorteil, weshalb natürlich nach
jedem »Leg« das »Service« gewechselt wird. Der Begriff Service
kommt aus dem Tennis und hat im Darts-Englisch eigentlich
nichts verloren, ist bei uns in Fernsehübertragungen jedoch

sehr geläufig. Originale Darts-Sprache wäre »with the darts«, dann wirft der erste Spieler und bei »against the darts« der zweite. Mehrere Legs ergeben einen »Set«, mehrere Sets ein »Match«. Wenn nicht auf zwei Legs Vorsprung gespielt wird, hat derjenige, der das entscheidende Leg beginnt, einen immensen Vorteil. Dieser Vorteil wäre sportlich nicht zu rechtfertigen, wenn nicht vor Spielbeginn das Recht des ersten Wurfs mittels »Ausbullen« ermittelt würde. Dieses Ausbullen findet vor dem Spiel in der Practice Area quasi unter Ausschluss der Öffentlichkeit statt. Der erste Wurf – der vor dem Spiel – ist dann womöglich schon der entscheidende für das ganze Match.

Ausbullen: »Diddle for middle«. Nacheinander werfen die Spieler je einen Dart. Wenn einer im Bullseye ist und der andere nicht, oder im Single Bull und der andere nicht, so hat er gewonnen. Wenn beide außen sind entscheidet das Augenmaß.

501 Double Out – Alles klar? – Beispiel gefällig?

Nehmen wir an Sie haben das Ausbullen gewonnen.

Erster Turn: Sie dürfen beginnen und erzielen mit sensationellen T20, T20 und T20 180 Punkte, haben nun also 321 Rest. Ihr Gegner spielt irgendetwas – bei einer so guten Aufnahme kann Ihnen der Gegner einmal egal sein.

Zweiter Turn: Auch okay – T20, T5 und S20 bringen 95 Punkte, bleiben 226 Punkte Rest. Gegner … egal.

Dritter Turn: Katastrophe – T1, S20 und S5 also 28 Punkte mit einem Rest von 198, kein Finish möglich. Gegner rückt näher …

Vierter Turn: Super – T20, S20 und T20 machen 140 Punkte und 58 Rest. Spätestens jetzt müssen Sie beginnen zu rechnen. Wie komme ich auf ein Double raus?

Fünfter Turn: Zunächst auf die S18, um mit 40 Rest auf D20 abschließen zu können. S18 gelingt. Nun auf die D20 – Mist! Sie treffen statt D20 die S5 und stehen bei 35. Eine ungerade Zahl lässt sich logischerweise nicht per Double auschecken. Daher: Zum Begradigen auf die 3, es bleiben also 32 Rest. Gegner … patzt hoffentlich.

Eric	vs	John		
501		501		
80	321			
95	226			
28	198			
40	58			
26	32			

Immer schön schreiben!

Sechster Turn: 32 ist D16, Ihr Lieblings-Double. Der erste Dart geht ein wenig nach außen. Macht nichts, Sie haben noch zwei. Der zweite Dart landet ebenfalls knapp außen, macht gar nichts, Sie haben ja noch einen. Außerdem dienen Ihnen die ersten beiden Darts als »Marker«, die den dritten hoffentlich ins Double reinkomplimentieren. Und tatsächlich, der dritte Dart sitzt: D16, Rest Null, das erste Leg geht an Sie (Darts rausziehen nicht vergessen, sonst zählt es nicht).

Überwerfen »Going Bust«
und das verhasste »D1 Mad House«

Angenommen, Sie haben im Finish 23 Punkte Rest. Ist ungerade, daher begradigen Sie mit dem ersten Dart auf S3, ergibt 20 Punkte Rest. Nun soll der zweite Dart auf die D10. Der rutscht leider ein bisschen ab, nämlich ins D15-Feld. Überworfen. Der Caller ruft »No Score«, Sie verzichten darauf, den dritten Dart zu werfen, und ziehen resigniert die ersten beiden wieder aus dem Board. Nach Ihrem Gegner, der hoffentlich nicht finisht, stehen Sie wiederum bei 23 Punkten: also erneut begradigen und dann …

Wenn man statt zu überwerfen durch (oft unerwünschten) Punktegewinn bis auf 2 Rest herunterspielt, bleibt nur noch die D1. Dieses Feld hat den entscheidenden Nachteil, dass man immer überwirft, wenn man nicht ins Double oder außen trifft. Denn eine S1 führt zu Rest 1, und das gibt es nicht. Wer bei 61 Punkten ins T20 trifft, schreibt also auch »No Score« und beginnt, wenn er seinen Gegner überlebt, im nächsten Turn erneut mit 61 Punkten.

Das Dartboard ist für das 501 Double Out perfekt konzipiert. Wenn wir uns nun näher in die Zahlen vertiefen (und ich verspreche: hier wird Mathematik zum Vergnügen), werden wir sehen, dass andere Spiele (Masters Out oder Single Out, 301) zwar ihre Berechtigung für Anfänger haben, aber eigentlich mit zunehmendem Können ad acta gelegt werden können. Was wäre Fußball ohne Tormann oder Tennis ohne Netz? – lächerlich.

Anmerkung: Das »501 Double In – Double Out« ist natürlich auch vollwertiges Darts. Dieser Modus wird aber im Turnierbereich eher selten gespielt. Man beginnt hier übrigens mit dem ersten Double zu zählen, zuvor erzielte Singles oder Triples zählen nicht – auch nicht wie »überworfen«.

Taktik des 501 Double Out

Eine Schachpartie besteht aus Eröffnung, Mittelspiel und Endspiel. Ganz ähnlich besteht ein 501 Double Out aus Highscore, in den Finish-Bereich kommen und schließlich das Finish selbst, wobei auch hier die Abgrenzung des Mittelspiels schwer ist.

Highscore bedeutet hoch zu punkten, am besten dreimal Triple. Das Primärziel ist die 180. Wenn einem das zwei Mal hintereinander gelingt, ist man auf dem Weg zum Neun-Dart-Finish, was selten ist. Das reale Ziel für einen Profi ist, mit dem dritten Turn in den Finish-Bereich zu kommen (für den ambitionierten Amateur sind hierfür vier Turns anzusetzen).

Der berühmte dritte (oder vierte) Turn hat es psychologisch gewaltig in sich und vermasselt einem gern nach zwei (oder drei) guten Aufnahmen das Spiel.

Das Finish geht ja theoretisch in einem Turn (siehe Finish-Tabelle), aber hier kann durch den psychologischen Druck noch eine Menge schiefgehen.

Der High Score

Man versucht ohne Rechnerei, so hoch wie möglich zu scoren: Für den Geübten heißt das T20. Wenn der erste oder zweite Dart das Triple-Feld »verbaut« oder der Flight eines schief sitzenden Darts die Flugbahn verdeckt und ein Ablenken des

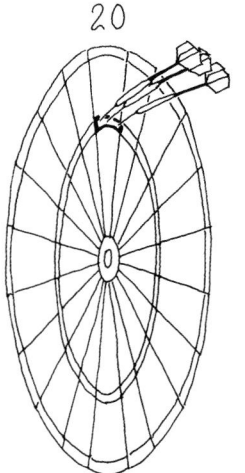

*180 –
The maximum
high score*

nächsten Darts zu befürchten ist, hat man zwei Möglichkeiten. Seltener: Positionswechsel an der Oche, sodass man wieder freie Bahn auf T20 hat. Häufiger: ausweichen auf die
nächsthöchsten Triples, zumeist T19, aber auch T17 und T18
sind noch vertretbar.

Wenn man aber mit dem ersten Dart richtig trifft, dann
sollte man unbedingt im Rhythmus bleiben, und Dart
Numero 2 und 3 werden zum ersten wie zu einem Magneten
hingezogen – mit ein bisschen Glück.

Am Beispiel des T20 sehen wir uns an, wie uns die Geome-
trie des Kreisbogensegmentes Probleme macht. Wenn wir das
Triple nach oben hin verfehlen, ist die Chance wenigstens im
S20 zu landen größer, als wenn wir in Richtung Bull ausreißen
wo das Risiko auf S1 und S5 zunimmt. Ist ja logisch.

Andererseits steckt ein Dart unter dem Triple (oder im
unteren Triplebereich) wesentlich günstiger für die Nachfolgenden. Er dient dem zweiten und dritten Dart fast als Schiene.

Überheblich gesprochen: Man muss den nächsten Dart nur noch drauflegen.

Umgekehrt blockiert ein Dart, der über dem Triple steckt, mit seinem Flight das Triple-Feld, und wenn es auch nur eine psychologische Blockade ist. Darum ist ausweichen auf ein anderes Triple eine häufige Strategie.

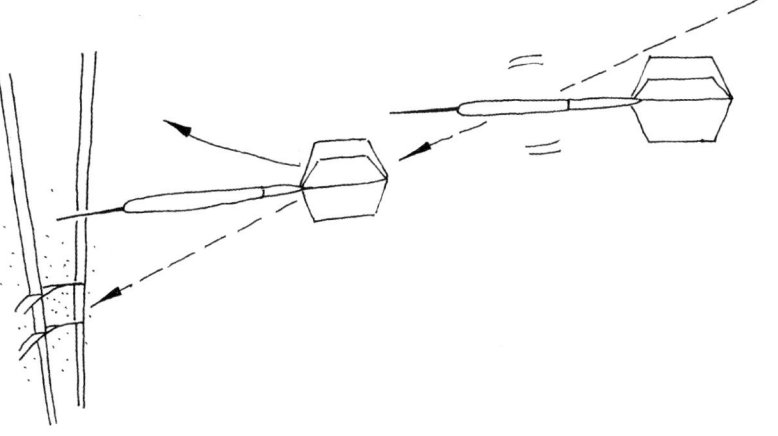

Der erste Dart verbaut's dem Zweiten.

Ein weiterer Grund dafür, vom T20-Feld abzuweichen, wird als »the mood« bezeichnet. Wenn man irgendwie das Gefühl hat, dass die T20 einen »jetzt nicht will«, einen aktuell »nicht lieb hat«, dann sollte man mit der T19 »flirten«. Ein Schnellspieler wie Michael van Gerwen ist beispielsweise recht schnell »eingeschnappt«, wenn er »keine Zuneigung« erhält. Er wechselt dann regelmäßig von 20 auf 19 oder 18 und probiert einfach durch, was gerade geht. Manchmal wird gar das D25 (Bullseye) anvisiert – das ist von der Trefffläche her, wie bereits erwähnt, unsinnig, es ist ja nur halb so groß wie ein Triple.

Aber zum einen trifft ein Spieler seiner Klasse dann meist zum Trost das Single Bull (S25) und zum anderen ist es eben eine Frage des aktuellen »moods«. Herz sticht Kopf – Gefühl vor Verstand.

Das Vermeiden einer Bogey-Zahl wäre der dritte Grund, der einen Spieler veranlassen könnte, auf andere Felder zu wechseln. Beispiel: 169 lässt sich mit drei Darts nicht auschecken. Nehmen wir also an, wir stehen bei 189 Punkten und haben noch einen Dart in der Hand. Mit T20 wären wir bei 129 Rest natürlich im Finish-Bereich, sollten wir jedoch auf der 20 nur einfach punkten, stünden wir bei 169 und könnten bei der nächsten Aufnahme eben nicht auschecken. Hätten wir zuvor auf die 19 gewechselt, wären wir mit T19 auf guten 132 gelandet, bei S19 aber immerhin auf 170 und damit einem theoretischen Finish für den nächsten Turn (T20, T20, D25).

Man kann diesbezügliche Überlegungen auch schon wesentlich früher anstellen. Wer zum Beispiel bei 303 Punkten statt dreimal T20 nur zweimal T20 und einmal S20 trifft, landet auf der Bogey-Zahl 163. Wenn man stattdessen auf T19 geht und ein Dart im S19 landet, könnte man mit 170 Rest auschecken. Derartige Überlegungen auf höchstem spielerischen Niveau gibt es noch für einige weitere Zahlenkombinationen. Bei Topspielern sollte das unbedingt ins Kalkül gezogen werden, und wenn jemand auf einer Bogey-Zahl landet, wird das schon fast als unentschuldbarer Fehler gewertet.

Unsereiner sollte aber zumindest nicht den Fehler machen, bei 189 mit dem letzten Dart stur auf die T20 zu gehen. So gering auch die Wahrscheinlichkeit sein mag, dass Sie beim nächsten Wurf tatsächlich auschecken, es geht ums Prinzip: niemals auf einer Bogey-Zahl landen.

Wenn ein Topspieler die 350-Punkte-Grenze erreicht, beginnt er zu rechnen, denn mit dem Maximum von 180 käme er auf 170 Rest und könnte damit beim nächsten Mal auschecken. Bei 349 wird er allerdings dennoch auf Maximum gehen, auch wenn er weiß, dass er 169 dann nicht auschecken kann (siehe Bogey-Zahlen).

Auf ein Double geht man übrigens nie, um hoch zu scoren; auf ein Double geht man nur, um auszuchecken. Die einzige Ausnahme wäre ein 80er-Finish mit zweimal D20. Dieses wird manchmal gegenüber T20 und D10 bevorzugt.

Ein Wort zum spielerischen Level

Wer die 20 sicher trifft, macht damit die meisten Punkte – das ist klar. Wer aber häufig Fish-and-Chips wirft, punktet über 19, 16 oder 14 à la longue besser, weil jene Felder mehr Punkte in der Nachbarschaft bringen (siehe Wurfempfehlungen, Seite 16).

Rein rechnerisch ergeben sich folgende Fakten:

Um mit dem Spiel auf die 20 dauerhaft höher zu punkten als auf die 19, muss man mindestens zwei von drei Darts (66,6%) ins Ziel bringen. Im Vergleich zum Spiel auf die 14 braucht man auf der 20 eine Trefferquote von 54%, im Vergleich zum Spiel auf die 16 52% (bei jeweils identischer Triple- und Single-Verteilung).

Andererseits ist es auch eine Frage der Ehre und des Prinzips, dass man in erster Linie auf eine 180 aus ist …

The Finish – The Check out

Und damit kommen wir zum Ende des Spieles: Triple is funny – Double makes the money. Eine Check-out-Schwäche zerstört einem den besten Highscore – und kann einen schwer demoralisieren.

Eines ist **essentiell**: Sie müssen Ihr Ziel festlegen, bevor Sie an das Oche treten. Auch die Alternativen infolge eines Fehlwurfs sollten Ihnen bereits jetzt schon vor Augen sein. Nehmen Sie sich also vor dem Finish immer die Zeit, um Ihre Spielzüge vorauszuplanen. Für einen Anfänger gilt dies natürlich vorerst im niederen Bereich, für einen Fortgeschrittenen ab 170 Rest.

Dieses Kapitel wird ab Seite 69 mit der Check-Out-Liste enden. Ich halte es allerdings für

Du sollst am Oche nicht mehr rechnen!

sinnvoll, im folgenden Abschnitt einige Überlegungen voranzustellen. Schlussendlich sollten Sie die Check-Out-Wege verinnerlicht haben, denn zwischenzeitliches Rechnen bringt Sie aus dem Rhythmus und lähmt Ihr Spiel.

Das große »Einmaldrei«: Damit rechnerisch etwas weitergeht, ist es unerlässlich, dass Sie beim Multiplizieren nicht hängen bleiben – das korrekte Subtrahieren fällt einem schwer genug … Daher sollte man das große »Einmaldrei« auswendig beherrschen: T11 = 33, T12 = 36, T13 = 39, T14 = 42, T15 = 45, T16 = 48, T17 = 51, T18 = 54, T19 = 57 und T20 = 60. Ebenfalls von Vorteil ist es, das jeweils Vier- bis Neunfache der hohen Zahlen auswendig zu können. Es ergibt sich logischerweise aus folgenden Trefferkombinationen: T+S (Faktor 4), T+S+S (5), T+T (6), T+T+S (7) sowie T+T+T (9).

Da man High-Finishes nur mit Triple-Treffern realisieren kann, ergeben sich im höchsten Bereich der Finish-Tabellen Scores, die ein Drei-Dart-Finish unmöglich machen. Man nennt diese Zahlen die Bogey-Zahlen.

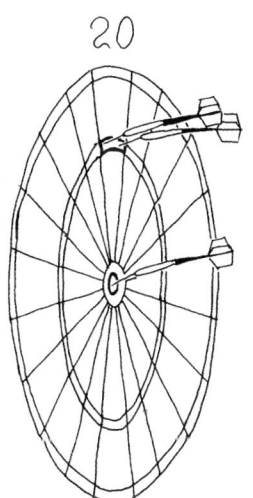

170 Maximum Finish (T20 – T20 – D25)

169 **Bogey**

168 **Bogey**

167 zweithöchstes Finish (T20 – T19 – D25)

166 **Bogey**

165 **Bogey**

164 dritthöchstes Finish (T20 – T18 – D25 oder T19 – T19 – D25)

163 **Bogey**

162 **Bogey**

161 vierthöchstes Finish (T20 – T17 – D25 oder T19 – T18 – D25)

160 fünfthöchstes Finish (T20 – T20 – D20 oder T20 – D25 – D25)

159 kleinste **Bogey-Zahl**

Ab einem **Rest von 158** gibt es mehrere Möglichkeiten, die zum einen klare Vorteile bieten können, zum anderen je nach Präferenz und Stimmung eingeschlagen werden (Ausnahme: **156 und 153** haben jeweils nur einen Weg).

Die Check Outs von **170 bis 131** haben eines gemeinsam: Man muss stets erst zwei Triple treffen, bis man an das Double kommt. In diesem Bereich der High Finishes ist also kein Fehler erlaubt, und es geht nur auf Triples und Double (oder das Bullseye, das manche Rechnung über den Haufen wirft).

Jedes High Finish kann mit T20 begonnen werden, weshalb sich eine <u>einfache Regel</u> ergibt: Lernen Sie Zwei-Dart-Finishes von 110 bis 70 sehr, sehr gut, denn ein High-Finish ist im Grunde genommen nichts anderes als eine T20 mit anschließendem Zwei-Dart-Finish.

Für den Punktebereich von **130 bis 102** wird es schon etwas einfacher. 130 ist das erste Finish, das mit T20, S20 und D25 also mit einem Single ausgespielt werden kann. Das ist zwar einfacher, dennoch nennt man alle Finishes über 100 High Finishes.

Welches ist das richtige Triple? Ganz einfach: Jenes Triple, das, wenn man es nicht trifft, als Single den größten Vorteil bringt! Auch wenn aus verständlichen Gründen (siehe Seite 67) gerne D16 angestrebt wird, ist es nicht das primäre Ziel des Spieles. Anfänger versuchen oft krampfhaft auf 32 Rest zu spielen und lassen sich dafür unnötige Fehler aufzwingen.

Dadurch, dass zwischen D25 als höchstes und D20 als zweithöchstes Double eine Lücke von 10 Punkten klafft, ergeben sich in den »Übergangszonen« von 135–125, 110–101 und 70–61 Punkten ebenfalls eine Art von Bogey-Zahlen. In diesen Punktbereichen ergibt sich oft die Möglichkeit, dass ein

Spieler, obwohl er das entsprechende Triple eines »klassischen« Weges nur als Single trifft, über das Bullseye doch noch auschecken kann. Dazu benötigt man aber meist ein hohes Single und muss dafür ein eventuell ungewöhnliches (niederes) Double akzeptieren.

Beispiel: 130 kann mit T20, T20 und D5 ausgecheckt werden, wird ein Triple verfehlt, immer noch mit T20, S20 und D25. Genauere Details finden sich in der Check-Out-Tabelle (Seite 69).

Safety Area – Der Sicherheitsbereich – »Safety« Als Safety Area bezeichnet man den Bereich um das anvisierte Feld, der für den Fall des Verfehlens eine andere Check-Out-Alternative oder zumindest ein bessere Kombination ergeben würde. Das gilt zum einen, wenn statt Triple ein Single getroffen wird, aber auch bei Nachbarsingles.

Sicherheits-Singles sind die Bereiche S10/S6, S8/S16 und S18/S4 (für gerade Zahlen) sowie S7/S19/S3/S17 für ungerade Zahlen.

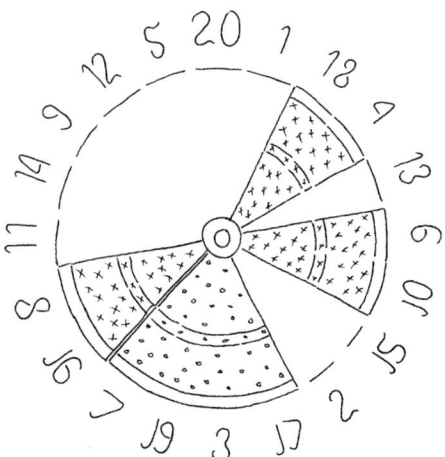

Die geraden und ungeraden Sicherheitsbereiche

Wie gefährlich ist das Verfehlen eines Zieles? Folgende Situationen können sich im niedrigen Finishbereich ergeben:

1. man überwirft (going bust),
2. man wirft zu niedrig und hat plötzlich kein Finish mehr,
3. man wirft gerade oder ungerade (so wie man es nicht braucht) und hat deshalb kein Finish mehr oder
4. man trifft zwar nicht das primäre Ziel, es eröffnet sich aber dennoch ein anderes Finish.

Die Check-Out-Liste (siehe Seite 69) zeigt Wege auf, die die Wahrscheinlichkeit erhöhen, dass der vierte Fall eintritt.

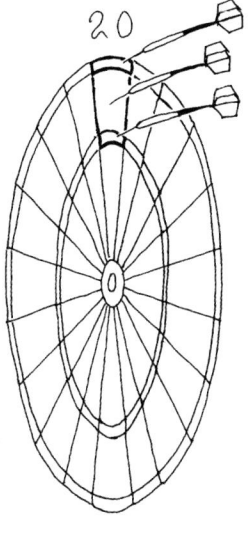

120 – *The Shanghai Finish.*

Für einen Punkterest zwischen **130 und 102** gilt: Sie benötigen zwei gerade Zahlen oder zwei ungerade Zahlen und eine davon jeweils als Triple.

Bei ungeraden Zahlen von **129 bis 101**: Sie brauchen eine gerade und eine ungerade Zahl und eine davon als Triple. Man hat also auch hier zumeist eine zweite Chance auf ein Triple, nur dass man nun eine andere Zahl braucht, was, wenn man schwach rechnet und auf ein Single nicht vorbereitet ist, den Rhythmus erheblich stört.

Wem das Double fürs Finish wichtiger ist als alles andere, wer also neurotisch auf D16, D20 oder D18 fixiert ist, der muss natürlich andere Varianten wählen, als sie in der Liste angegeben sind, auch wenn sie mehr Risiko mit sich bringen.

Die »kleinen« Bogey-Zahlen 110 stellt eine wichtige Punktgrenze dar. Ab hier ist mit Hilfe des Bullseye ein Check-out mit zwei Darts möglich (T20 und D25). Eine Bullseye-zwei-Dart-Variante gibt es für die Punktstände 101, 104, 107 und 110.

Die echte Grenze ist dann 100 mit T20, D20 als erstes klassisches Zwei-Dart-Finish. 99 ist jedoch als einzige Ausnahme ein Drei-Dart-Finish unter 100.

Es ergeben sich also diese wichtigen »kleinen« Bogey-Zahlen, die unbedingt durch Safety-Varianten mit einem überlegten ersten Dart zu vermeiden sind, denn mit zwei Darts lässt sich logischerweise kein Drei-Dart-Finish mehr spielen.

»Kleine« Bogey-Zahlen: 109, 108, 106, 105, 103, 102 und 99.

Zum Vergleich die echten Bogey-Zahlen: 169, 168, 166, 165, 163, 162 und 159 (… erkennen Sie den Zusammenhang?).

Hieraus lassen sich zwei einfache Regeln für Anfänger folgern:

1. Bei einem Restpunktestand von über 100: Hoch scoren und mit dem ersten Dart bewusst vermeiden, auf die »kleinen« Bogey-Zahlen zu kommen. Es wird sich dann schon etwas ergeben …

2. Zumindest mit dem dritten Dart unter 80 kommen, dann sollten Sie im nächsten Turn zumindest eine Double-Chance kriegen.

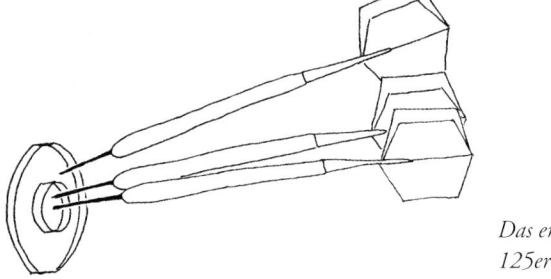

Das Zwei-Dart-Finish Von **98 bis 61** ist es möglich, mit Hilfe eines Triples mit zwei Darts auszuchecken. Es macht Sinn zwischen geraden und ungeraden Zahlen zu unterscheiden. Bei ungeraden Zahlen spielt man auf das Triple einer ungeraden Zahl (häufig ist es die Zahl mit derselben Einer-Ziffer, die zu einem guten Double führt), zum Beispiel:

89:   T1<u>9</u>, D16,

87:   T1<u>7</u>, D18,

85:   T1<u>5</u>, D20,

83:   T17, D16 (Ausnahmen bestätigen die Regel …)

Bei geraden Zahlen nimmt man zuerst das Triple einer geraden Zahl ins Visier, im Allgemeinen T20, T18, T16, oder T14.

Von **70 bis 61** gilt eine besondere Regel beim Zwei-Dart-Finish:

70:   T20 – D5,

69:   T19 – D6,

68:   T18 – D7,

67:   T17 – D8,

66:   T16 – D9,

65:   T15 – D10,

64:   T14 – D11,

63: T13 – D12,
62: T12 – D13,
61: T11 – D14.

Wenn man diese Finishes so spielt, ergibt sich beim Verfehlen des Triple auf das Single jeweils ein Bullseye-Finish.

Die Triples unter T13 werden insgesamt selten gespielt, jene niedriger als T7 (21) sind ohnehin entbehrlich, da der Score von T6 (=18) und niedriger ja als Single wesentlich sicherer getroffen werden.

Ab 60 (S20 und D20) gibt es dann (sinnvoll gespielt) hauptsächlich Zwei-Dart-Finishes mit großem Single, manchmal ist aber ein niederes Triple wegen einer Safety Area von Vorteil.

Spezielle Finishes

170: T20, T20 und D25, weil es das höchste Finish ist.

167: T20, T19 und D25, weil es ein Teil des perfekten Nine-Darters ist (siehe Seite 82).

160: T20, T20 und D20, weil es das höchste über den Doublering ist.

125: D25, S25 und D25, weil es ein enges Bild ergibt (wenn man mit dem ersten Dart nur die S25 trifft, dann geht man eher über T20 auf D20).

150: weil es theoretisch möglich wäre mit D25, D25 und D25.

120: T20, S20 und D20, weil es mit sechsmal 20 das klassische Shanghai-Finish ist.

114: weil es auf Shanghai-Art mit sechsmal 19 (108 mit sechsmal 18, 102 mit sechsmal 17 usw.) ausgecheckt werden könnte, sieht man aber selten.

80: weil es mit D20 und D20 ausgecheckt werden kann. Andere Doubles werden fast nie benutzt, um auf den letzten Dart zu stellen. 64 wird zum Beispiel so gut wie nie mit zweimal D16 ausgecheckt, sondern als Safety T14 und D11. Wann immer jemand eine Double-Double-Variante spielt, sorgt das natürlich für Aufsehen.

Der hoffentlich letzte Dart im Leg – der aufs Double. Wenn man eine Checkout-Chance vermasselt, kann folgendes passieren:

1. Der Dart geht außen vorbei: zählt null. Solange man noch Darts hat, ist das nicht so schlimm: nächster Versuch.

2. Der Dart geht innen vorbei und landet im großen Single-Feld: Die Punkte zählen leider – und halbieren den Rest. Wenn man nun auf einer geraden Zahl steht, geht es auf dem nächsten entsprechenden Double weiter. Steht man jedoch auf einer ungeraden, dann muss man erst gerade-stellen indem man auf 1, 3, 5, … (irgendeine kleinere ungerade Zahl) wirft, um wieder auf einen geraden Rest zu kommen. Wenn man sich so nach unten spielt, landet man irgendwann einmal auf der D1 – dem Mad House. Es hat einen Grund, warum das so heißt …

3. Geht der Dart in ein benachbartes Single oder Double, ergeben sich mehrere Möglichkeiten:

a) Benachbartes Single: Wenn nicht überworfen wurde, ergibt sich, je nachdem ob gerade oder ungerade, ein neues Double oder man muss geradestellen.

b) Benachbartes höheres Double: überworfen. Die Punkte dieser Runde zählen nicht. Im nächsten Turn geht es dann mit »drei frischen Darts« wieder auf ihre anfängliches Double.

c) Benachbartes niedrigeres Double: Es ergibt sich immer ein weiteres Double zum Auschecken.

Übrigens: Bei Topspielern stellt diese dritte Möglichkeit eher eine Seltenheit dar – sie »tasten« sich stets von außen an das Double und wenn sie verwerfen, dann meistens ins entsprechende Single.

Absichtliches Überwerfen Wenn man mit seinem dritten Dart nicht auschecken kann, sollte man sich überlegen, ob es nicht vernünftiger ist, absichtlich zu überwerfen. Das macht man dann, wenn einem das Double zum Auschecken eigentlich sympathisch ist oder man nach Begradigung des Rests auf einem sehr tiefen Stand wäre – niemand checkt besonders gerne auf D5, D3, D2 oder D1 aus. Lieber erhält man sich ein »sympathisches« Double für die nächste Aufnahme und damit bessere Chancen. Und wenn man nicht mehr drankommt, weil sein Gegner auscheckt, ist es auch egal, wie mein Punktestand war.

Überdies erhält man den Vorteil drei »frischer« Darts: Man kann sich also erneut von außen an das Double herantasten, und wenn der erste oder zweite Dart schon nicht treffen, so dienen sie wenigstens als »Marker«. Zum einen geleiten Marker den nächsten Dart, zum anderen kann man sich so tatsächlich auf das Ziel einschießen.

Günstige Doubles Ein Double gilt als günstig, wenn es – als Single verfehlt – erneut direkt zu einem Double verhilft, das heißt ohne Begradigung erneute Chance auf Auschecken liefert. Das trifft auf alle geradzahligen Doubles zu.

Mögliche Double Outs:

50 – D25: Bullseye. Die 25, die übrig bleiben, wenn man S25 statt D25 trifft, muss man leider begradigen. Wenn man nicht einmal das Single trifft, schreibt man rundum eine Zahl zwischen 1 und 20. Entweder bleibt man also sogar über 40 (D20), hätte also ein Zwei-Dart-Finish, oder man trifft ungerade und muss begradigen (also wiederum ein Zwei-Dart-Finish), oder man kommt auf eine gerade Zahl >8 (also Glück gehabt). Das Bullseye passt 3,3-mal in ein normales Double, weshalb man es sich meist nicht freiwillig als Finish aussucht.

40 – D20: auf Single folgt D10 und D5, dann begradigen.

38 – D19: ungerade

36 – D18: auf Single folgt D9, dann begradigen.

34 – D17: ungerade

32 – D16: auf Single folgt D8, dann D4, dann D2, dann D1.

30 – D15: ungerade

28 – D14: auf Single folgt D7, dann begradigen.

26 – D13: ungerade

24 – D12: auf Single folgt D6, dann D3, dann begradigen.

22 – D11: ungerade

20 – D10: auf Single folgt D5, dann begradigen.

18 – D9: ungerade

16 – D8: auf Single folgt D4, dann D2, dann D1.

14 – D7: ungerade

12 – D6: auf Single folgt D3, dann begradigen.

10 – D5: ungerade

08 – D4: auf Single folgt D2, dann D1

06 – D3: ungerade

04 – D2: auf Single folgt D1

02 – D1: Endstation

Das 32er-Finish Aus mehreren Gründen ist D16 das beste Double für den Check Out, vor allem für Anfänger.

1. Über die Folge D16, D8, D4, D2 und D1 hat es den längsten Weg, der über Fehlversuch auf das jeweilige Single ohne Begradigung möglich ist.

2. Links davon liegt die 8. Das ist nicht nur eine gerade Zahl, sondern auch die Hälfte von 16. Wenn man also die S16 trifft, geht es auf D8, wenn man D8 trifft, geht es ebenfalls auf D8, wenn man S8 trifft, geht es über D12, D6 und D3 weiter. Auch eine erneute S8 findet über S4 und S2 Anschluss. All diese Möglichkeiten hat man nur auf der D16, weil mit 16 und 8 zwei Zweierpotenzen auf dem Board nebeneinander liegen.

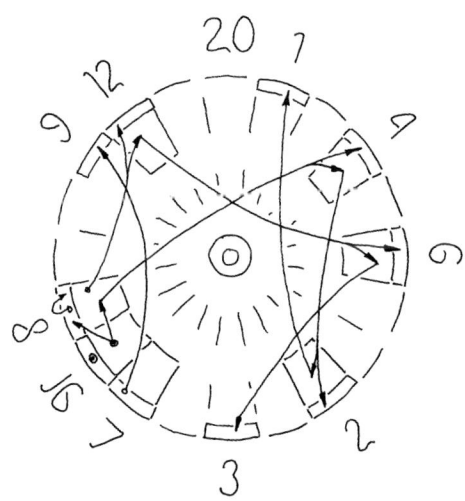

Die 32 und ihre Outs

Vorteilhaft sind allenfalls noch 18 und 4 sowie 6 und 10, hier ergeben sich aber insgesamt weniger Optionen.

Man kann feststellen, dass ein Dartboard sehr punktuelle »Abnutzungen« aufweisen wird, vorausgesetzt es wird nur von guten Spielern nach dem Modus 501 Double Out bespielt. Das T20 kriegt mit Abstand am meisten ab. Die Bereiche um die T19, D16, D20 werden auch ziemlich zerschunden sein. Die T18, T17, D18, S25, D25, D12, D8 folgen dann im Verschleiß. Weite Bereiche des Dartboard werden aber fast jungfräulich erscheinen. Ein Profi nutzt im Finish jedoch das gesamte Board, um am effektivsten zu einem Check Out zu kommen.

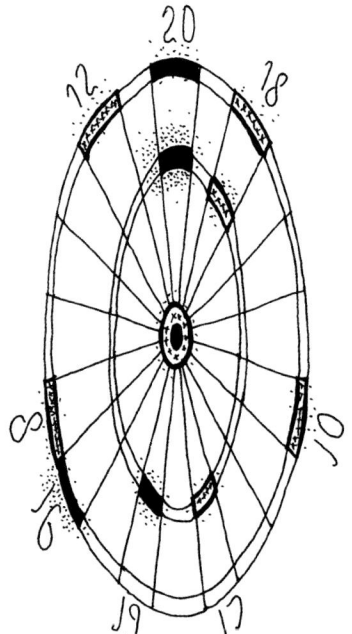

Was das 501 D.O. aus einem Board macht?

Die Check-Out-Liste

Wie man ein Check Out spielt, hängt natürlich erheblich von der persönlichen Präferenz ab. Es gibt aber gute Argumente dafür, warum ein Check Out wie folgt und nicht anders gespielt werden sollte. Üben Sie die Check Outs durch regelmäßiges Trainieren: Die folgenden Seiten dieses Buches sollen vom häufigen Nachschlagen bald speckig und abgegriffen sein. Check-Out-Listen gibt es aber auch zu kaufen oder im Internet – hängen Sie sich eine neben Ihr Board.

170: T20 – T20 – D25, es gibt nur einen Weg
169: Bogey
168: Bogey
167: T20 – T19 – D25, der einzige Weg
166: Bogey
165: Bogey
164: T20 – T18 – D25,
     T19 – T19 – D25, ist etwas rhythmusfreundlicher
163: Bogey
162: Bogey
161: T20 – T17 – D25,
     T19 – T18 – D25
160: T20 – T20 – D20, das höchste Finish ohne Bullseye,
     T20 – D25 – D25, ist keine realistische Alternative
159: Bogey
158: T20 – T20 – D19, ungerade Outs im High Finish muss man in Kauf nehmen,
     T18 – T18 – D25, wem Bullseye sympathischer ist
157: T20 – T19 – D20,
     T19 – D25 – D25, ist keine realistische Alternative

156: T20 – T20 – D18, der einzige Weg

155: T20 – T19 – D19, bietet Rhythmusvorteile,
T18 – T17 – D25

154: T20 – T18 – D20,
T18 – D25 – D25, ist keine realistische Alternative

153: T20 – T19 – D18, ohne Alternative

152: T20 – T20 – D16,
T19 – T19 – D19, schön rhythmisch

151: T20 – T17 – D20,
T19 – T18 – D20,
T17 – D25 – D25, ist keine realistische Alternative

150: T20 – T18 – D18,
T19 – T19 – D18,
T20 – T20 – D15, schräg aber cool,
(T20 – D25 – D20)

149: T20 – T19 – D16,
(T18 – T19 – D19), die Zahl der alternativen Möglichkeiten nimmt nun zu, viele dieser Alternativen gehen
jedoch auf ungerade Doubles oder benutzen unge-
wohnte (=niedrige) Triples. Deshalb werden ab hier nur
die häufig gespielten Finish-Wege aufgeführt

148: T20 – T16 – D20,
T20 – T20 – D14

147: T20 – T17 – D18,
T19 – T18 – D18

146: T20 – T18 – D16,
T19 – T19 – D16, wie Ihnen schon aufgefallen sein
wird, entstehen viele Varianten nur durch »plus/minus
eins« bei den Triples, damit dasselbe günstige Double
erhalten bleibt

145: T20 – T19 – D14,
     T20 – T15 – D20,
     T18 – T17 – D20

144: T20 – T20 – D12, schön rhythmisch,
     T18 – T18 – D18, noch rhythmischer

143: T20 – T17 – D16,
     T19 – T18 – D16

142: T20 – T14 – D20,
     T19 – T19 – D14, die 14 ist als Double und Triple beim
     Training nicht zu vernachlässigen,
     T20 – D25 – D16, wer unbedingt D16 will, muss Bulls-
     eye treffen

141: T20 – T19 – D12, **das** Finish des Nine-Darters,
     T17 – T18 – D18, John Lowes Neun-Dart-Finish

140: T20 – T20 – D10, die Alternative T20 – T16 – D16
     sieht verlockend aus, die erste Variante ist aber zu bevor-
     zugen. Siehe das Checkout von 80 Punkten

139: T20 – T13 – D20,
     T20 – T19 – D11

138: T20 – T18 – D12, das Keith-Deller-Finish,
     T19 – T19 – D12,
     T20 – T20 – D9,
     T18 – T18 – D15, diese beiden Finishes sind zwar unge-
     wöhnlich, aber ich spiele D15 manchmal gar nicht
     ungern

137: T20 – T19 – D10,
     T20 – T15 – D16

136: T20 – T20 – D8

135: T20 – T17 – D12,
     S25 – T20 – D25, wenn der erste ein D25 wird, entsteht
     D25 – T17 – D12 ein »einfacheres« Finish

134: T20 – T16 – D13, schräges Finish, aber bei versehent-
lich T8 bleiben 50 übrig,
T20 – T18 – D10,
T20 – T14 – D16
133: T20 – T19 – D8
132: T20 – T16 – D12,
S25 – T19 – D25, Single-Bull-Varianten für den ersten
Dart kommen nun öfter zum Zug: Ein versehentliches
Treffen des D25 bringt ein angenehmeres Finish:
D25 – T14 – D20
131: T20 – T13 – D16,
T19 – T14 – D16
130: T20 – T20 – D5, eines der beiden Triples dürfte ins
Single und es bliebe eine Chance mit D25
129: T19 – T20 – D6,
T19 – T16 – D12 (man beginnt bewusst mit T19 vor
T20, wenn nämlich nur S19 getroffen wird, bleibt ein
Finish (T20 – D25)
128: T18 – T14 – D16,
T18 – T18 – D10,
T18 – T20 – D7, wie bei Rest 129
127: T20 – T17 – D8, bei S20 bleibt eine Lösung (T19 –
D25), ebenso, wenn man mit T17 beginnt und die S17
trifft (T20 – D25)
126: T19 – T19 – D6, absichtlich nimmt man ein niedriges
Double in Kauf, denn sollte eines der beiden Triples ins
Single gehen, bleibt D25,
T19 – S19 – D25, warum nicht gleich so!
125: T20 – T15 – D10, bei getroffenen Singles (20 oder 15)
ist das Finish futsch,
S25 – T20 – D20, wenn das D25 getroffen wird, folgt

T17 – D12, oder

D25 – S25 – D25, für die Show …

124: T20 – T14 – D11, ungewohntes Double, aber auf S20 folgt mit T18 – D25, auf T20 – S14 folgt mit D25 jeweils eine Finish-Chance,

T20 – S14 – D25, wer D11 nicht mag

123: T19 – T16 – D9, auf S19 folgt T18 – D25, auf T19 – S16 folgt D25

122: T18 – T18 – D7, D7 ist ungewöhnlich, aber mit T18 – S18 – D25 als Out-Variante gibt es hier keine verlockende Alternative

121: T20 – T11 – D14, auf S20 folgt T17 – D25, auf T20 – S11 folgt D25,

T17 – T20 – D5, auf S17 folgt T18 – D25, auf T17 – S20 folgt D25,

S25 – T20 – D18, oder gleich so …

120: T20 – S20 – D20, das Shanghai-Finish

119: T19 – T10 – D16,

T19 – T12 – D13, auf Safety S12 folgt D25

(T20 – S19 – D20 klingt zwar verlockend, wenn aber die S20 getroffen wird, ist mit 99 Rest kein Zwei-Dart-Finish mehr machbar)

118: T20 – S18 – D20

117: T20 – S17 – D20, auf S20 folgt T19 – D20, alternativ T19 – S20 – D20, auf S19 folgt T20 – D19, bei S7 (neben der 19) T20 – D25

116: T19 – S19 – D20, eine Variante mit zwei Chancen auf das Triple

T20 – S16 – D20, gute Alternative

115: T19 – S18 – D20,

T20 – S15 – D20

114: T18 – S20 – D20,
T20 – S14 – D20,
T19 – S17 – D20
113: T19 – S16 – D20, S3/T3 Safety neben der 19,
T20 – S13 – D20
112: T20 – T12 – D8, bei S12 statt T12 ergibt sich D20
T20 – S20 – D16, Achtung: 2 × T20 überwirft
111: T20 – S11 – D20,
T19 – S14 – D20, gute Alternative
T20 – S19 – D16, Achtung: Sowohl T19 als auch D19
ergeben »bust«

Für 110, 107, 104, 101 und darunter gibt es neben Zwei-Dart-Finishes auch Drei-Dart-Finishes (mit 3DF und 2DF abgekürzt). Die Empfehlungen unterscheiden sich hier, weil man mit drei Darts auf ein angenehmeres Double stellen könnte, mit zwei Darts jedoch nehmen muss, was man kriegt. Fehlt diese 2DF- oder 3DF-Notiz, so wird ein gemeinsamer Weg empfohlen.

110: T20 – T10 – D10 (3DF), ein S10 bringt D20,
T20 – S20 – D15,
T20 – S18 – D16, Gefahr des Überwerfens,
T20 – D25 (2DF)
109: T20 – S9 – D20, weil T 9 nicht »bustet«,
T19 – T12 – D8, weil S12 ein D20 hinterlässt
108: T20 – S16 – D16, um die S16 ausreichend Safeties:
D16, S8, D8, T18,
T18 – S14 – D20
107: T19 – T10 – D10 (3DF),
T19 – S10 – D20,
T19 – D25 (2DF)

106: T20 – T10 – D8, S/T5 statt T20 oder S10, S6, T6 statt
T10 ergeben alle ein Finish,
T20 – S14 – D16

105: T20 – S13 – D16, Safety auf der T20 (104 und 100
wären 2DF)

104: T19 – S15 – D16 (3DF), Safety auf beiden Seiten der
T19. Bei T20 oder T18 als Einstieg wäre das nicht der Fall,
T18 – D25 (2DF)

103: T19 – S10 – D18,
T19 – S6 – D20, der Nachbar im Single (S10/S6)

102: T20 – S10 – D16

101: T20 – S9 – D16 oder T19 – S6 – D20 (3DF), aber nie
auf die T17, denn eine S2 würde die Finishmöglichkei-
ten ruinieren,
T17 – D25 (2DF)

100: T20 – D20, nur ja nicht die S1 treffen

 99: T19 – S10 – D16

Wenn man für ein Zwei-Dart-Finish auch nur zwei Darts zur
Verfügung hat, gibt es nur begrenzt Optionen. Mit drei Darts
in der Hand kann man sich ein Single oder einen zweiten
Double-Versuch leisten.

 98: T20 – D19

 97: T19 – D20

 96: T20 – D18

Von 95–91 sichert beim 3DF die S25 einen Rest unter 71, ein
D25 gar eine S – D-Kombination.

 95: T19 – D19 (2DF), sonst
S25 – T20 – D5, bei S20 bleibt D25

 94: T18 – D20 (2DF), sonst
S25 – T19 – D6

93: T19 – D18 (2DF), sonst
   S25 – T18 – D7
92: T20 – D16,
   S25 – T17 – D8
91: T17 – D20 (2DF), sonst
   S25 – T16 – D9

Für die Zahlen unter 90 gilt, dass der erste Dart den Punktestand auf mindestens 70 bringen muss.

90: T20 – D15 (3DF),
   S20 – T20 – D5,
   S20 – S20 – D25,
   T18 – D18 (2DF)
89: T19 – D16
88: T20 – D14,
   T16 – D20, bei S16 bleibt man jedoch über 70
87: T17 – D18
86: T18 – D16
85: T19 – D14,
   T15 – D20
84: T20 – D12
83: T17 – D16
82: T14 – D20 (2DF),
   D25 – D16 (3DF), weil im Fall von S25, S17 – D20 bleibt
81: T19 – D12,
   T15 – D18

Unter 80 ist beim 3DF das wichtigste, mit dem ersten Dart unter 70, besser 60 zu kommen.

80: T20 – D10, S20 bringt S20 – D20,
   D20 – D20, fürs Publikum,
   T16 – D16, bei S16 bleiben 64

79: T13 – D20,

T19 – D11, hat jedoch bei S19, 60 Rest Vorteile

78: T18 – D12,

77: T19 – D10

T15 – D16, bei S15 bleiben noch 62 Rest

76: T20 – D8, nur nicht ins S5 oder S/T1,

T16 – D14, hat beiderseits Safeties

75: T17 – D12

74: T16 – D13, Safety Area um die T16

73: T19 – D8

72: T16 – D12,

S18 – S20 – D16,

T20 – D6

71: T13 – D16 (3DF),

T19 – D7 (2DF), weil T7 eine Safety ist

Die 2DF von 70–61 haben wir bereits an anderer Stelle erklärt.

70: T18 – D18 (3DF),

T20 – D5 (2DF)

69: T19 – D6 (2DF),

T17 – D9,

S17 – S20 – D16,

T15 – D12

68: T16 – D10 (3DF),

S16 – S20 – D16,

T20 – D4, S20 – S8 – D20,

T18 – D7 (2DF)

67: T9 – D20 (3DF), wegen der Safety um die 9,

T17 – D8 (2DF)

66: T10 – D18 (3DF), wegen der Safety um die 10,

T18 – D15,

S18 – S16/8 – D16/20,
T16 – D9 (2DF)

65: T11 – D16 (3DF),
S11 – S14 – D20,
T15 – D10,
S15 – S18 – D16,
T15 – D10 (2DF)

64: T16 – D8 (3DF),
S16 – S16/8 – D16/20,
T14 – D11 (2DF)

63: T17 – D6 (3DF),
T13 – D12 (2DF)

62: T10 – D16 (3DF),
S10 – S20 – S16,
T12 – D13 (2DF)

61: T15 – D8 (3DF),
S15, S6/10 – D20/18,
S25 – D18,
T11 – D4 (2DF)

60: S20 – D20

59: S19 – D20

58: S18 – D20

57: S17 – D20

56: S16 – D20, (T16 – D4)

55: S15 – D20

54: S14 – D20

53: S13 – D20,
S17 – D18, Safety eingebaut – bei S3 folgt D25

Von 52 bis 32 gibt es immer die Option S(1 bis 20) und D16.
Bedenken Sie aber, dass hohe Singles als Triple zum Überwerfen führen können.

52: T12 – D8, bei S12 bleibt D20,
    S20 – D16, T20 wäre überworfen!
51: S11 – D20,
    S15 – D18,
    S19 – D16, T19 überwirft
50: D25, nur als Ein-Dart-Finish empfehlenswert,
    S10 – D20,
    S18 – D16, T18 überwirft allerdings
49: S9 – D20,
    S17 – D16, T17 überwirft,
48: S16 – D16, ist die beste Option – T16 überwirft zwar,
    aber S8 und D16 sind Sicherheitsbereiche
47: S15 – D16,
    S7 – D20, Safety S19 bringt D14
46: S6 – D20,
    S10 – D18, ist Safety vice versa
45: S13 – D16,
    S19 – D13, Safety S7 bringt D19
44: S12 – D16,
    S4 – D20, Safety S18 bringt D13,
    S8 – D18, Safety S16,
    S16 – D14, Safety S8
43: S11 – D16,
    S3 – D20, S19 und S17 sind Safety
42: S6 – D18, Safety S10,
    S10 – D16, Safety S6
41: S9 – D16
40: D20
39: S7 – D16, Safety S19,
    S3 – D18, Safety S19,
    S19 – D10, Safety S3 und S7

79

38: D19, wenn sich ein Ein-Dart-Finish bietet, dann geht man drauf – auch wenn es ein ungewohntes ist; also niemals z. B. S6 – D16

37: S5 ist vergleichsweise risikoreich, denn ein Single aus dem ungeraden Cluster im unteren Boardviertel ergibt immer ein Finish,
   S7 – D15,
   S19 – D9,
   S3 – D17,
   S17 – D10

36: D18

35: S3 – D16, Safety beidseits

34: D17

33: S1 – D16, ohne Safety,
   S17 – D8, Safety S3 bringt D15

32: D16

31: S15 – D8, oder die ungeraden Safeties,
   S7 – D12,
   S19 – D6,
   S3 – D14,
   S17 – D7

30: D15

29: S13 – D8 oder die Safeties,
   S7 – D11,
   S19 – D5,
   S3 – D13,
   S17 – D6

28: D14

27: S19 – D4,
   S7 – D10,
   S11 – D8, ohne Safety

26: D13

25: Häufiger Rest infolge eines D25-Fehlwurfs

S17 – D4, Safety S3 bringt D11,

S9 – D8

24: D12

23: S7 – D8

22: D11

21: S5 – D8,

S17 – D2, Safety S3 bringt D9,

S19 – D1 ist keine echte Alternative

20: D10

19: S11 – D4,

S3 – D8, Vorsicht: S19 überwirft

18: D9

17: S9 – D4,

S1 – D8, beidseits der S1 ein Bust

16: D8

15: S7 – D4

14: D7

13: S5 – D4

12: D6

11: S3 – D4

10: D5

9: S1 – D4

8: D4

7: S3 – D2

6: D3

5: S1 – D2

4: D2

3: S1 – D1

2: D1, na bravo …

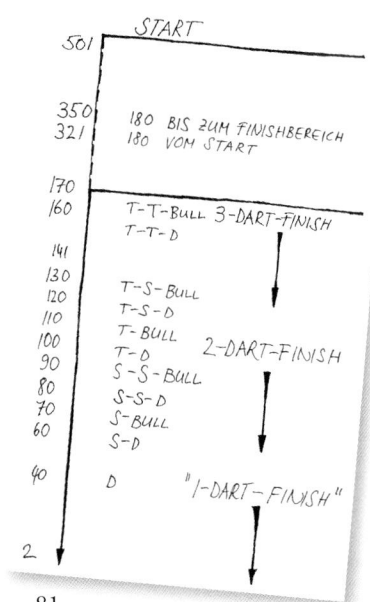

The Nine Dart Finish –
der Neun-Darter

Das perfekte Spiel ist in drei Aufnahmen (Turns) möglich. Mit neun Darts kann man sowohl 501 Double Out, als auch 501 Double In Double Out auschecken (im Double-In-Double-Out-Modus gibt es natürlich wesentlich weniger Möglichkeiten das perfekte Spiel zu spielen).

Das Nine Dart Finish stellt als Spitzenleistung des Dartsports ein seltenes Ereignis dar. Die wenigsten von uns werden es selbst einmal spielen, und wenn wir es jemals live miterleben sollten, werden wir uns ein Leben lang daran erinnern – »Ich war damals dabei«. Es wird gerne mit einem Maximum Break beim Snooker oder einem 300-Punkte-Spiel beim Bowling verglichen. Mir fiele auch noch ein Fallrückzieher ins Kreuzeck beim Fußball oder ein 3-Punkte-Wurf aus dem eigenen Feld in letzter Sekunde beim Basketball ein …

Das erste gefilmte Nine Dart Finish spielte John Lowe im Jahr 1984. Er spielte dreimal T20, dreimal T20 sowie T17, T18 und D18. Die häufigsten Neun-Darter im TV spielte Phil Taylor, zum Zeitpunkt der Drucklegung dieses Buches waren es zehn, darunter zwei in einem Match (im Mai 2010 gegen James Wade). Michael van Gerwan ließ einem Nine-Darter weitere acht perfekte Darts folgen, das heißt, dass er bis zum Double-Checkout erneut auf Nine-Darter-Kurs war. Robert Thornton und James Wade spielten 2014 in Dublin gegeneinander je einen Nine Darter (noch dazu im Double-In-Double-Out-Modus).

Von den bislang im Fernsehen gezeigten Neun-Dartern, wurden die meisten über folgenden Weg erzielt: dreimal T20,

John Lowe beim ersten »televised Nine Darter«

dreimal T20 sowie T20, T19 und D12. Für gewöhnlich werden also zwei 180er erzielt und dann aus einem der 141er-Finishes ausgewählt:

T20 – T19 – D12
T20 – T15 – D18
T20 – T17 – D15
T19 – T18 – D15
T19 – T16 – D18
T18 – T17 – D18
T17 – D25 – D20

Wenn in den ersten beiden Aufnahmen wegen einer »verbauten« T20 auf ein anderes Triple ausgewichen werden muss, ist die Chance auf einen Neun-Darter zwar noch nicht zerstört, aber dreimal T20 braucht man insgesamt mindestens. Da 501 ja eine ungerade Zahl ist braucht man auch mindestens ein ungerades Triple.

Ein Check Out mit acht Darts ist unmöglich, mit achtmal T20 kommt man nur auf 480.

Da das Auschecken im Double-In-Double-Out-Modus ja ebenfalls mit neun Darts möglich ist, könnte man im reinen Double-Out-Modus ein zweites Double auch dazwischen einstreuen. Aber wer käme auf diese Idee?

Spezielle Nine Dart Finishes

Dreimal hintereinander 167, nämlich T20, T19 und D25, wäre das »perfekt perfekte Spiel«. Es wurde allerdings noch nie bei einem Turnier gespielt.

Umgebaut könnte man hier auch je dreimal T20, T19 und D25 spielen, für das 150er-Finish wäre aber wegen des spärlichen Raums im Bullseye eine andere Lösung realistischer.

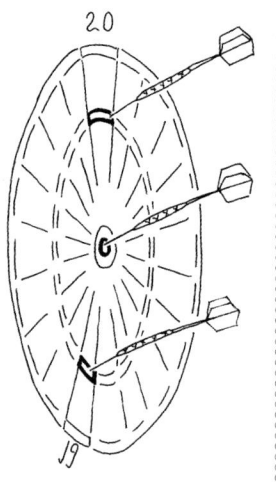

Ein Neun-Darter, der auf T20, T20 und D25 (also dem Maximum Finish) endet, kann ebenfalls als etwas Besonderes angesehen werden.

Insgesamt sind sage und schreibe 71 (vernünftige) Kombinationen möglich – wer hätte das gedacht?

Das Podium und seine Akteure

Die modernen Turniere, wie sie von der PDC (Professional Darts Corporation) ausgerichtet werden, stellen Großereignisse dar: sowohl vor Ort mit bis zu 12 000 begeisterten Zuschauern als auch via Live-Übertragung in unsere Wohnzimmer. Die Berichterstattung hat in den letzten Jahren ein erstaunliches dramaturgisches Niveau erreicht. Erstens kennt die Regie die Score-Präferenzen und beliebtesten Check-Out-Wege der Stars, zum anderen kann über die Beobachtung des Blickes antizipiert werden, welches Feld der Spieler als nächstes anvisiert. Das entsprechende Triple wird häufig groß gezoomt, was die Spannung zusätzlich steigen lässt. Des Weiteren werden der Punktestand und die wahrscheinlichste Checkout-Variante in Echtzeit angezeigt. Ich denke, dass diese Technik, gemeinsam mit der Nähe zum Spieler und zu seinen Emotionen, Darts auch im Fernsehen so attraktiv gemacht hat. Andere Sportarten haben häufig das Problem, dass Geschwindigkeit, Weite, Steilheit, Aktion etc. bei Fernsehübertragungen nicht vermittelt werden können. Bei Dart-Übertragungen werden vor allem die Schwierigkeit und die fast akrobatische Präzision eindrucksvoll wiedergegeben.

Aber auch die kleinen Turniere haben es in sich – hier kommen im Idealfall das Pub-Flair und die unmittelbare Nähe zum Wettkampf durch.

Das Oche wird bei Turnieren häufig durch eine um 38 mm erhöhte Playing Area ersetzt. Diese Oche ist exakt 1,525 m breit (die bizarre Zahl ergibt sich aus der Umrechnung von 5 Feet). Dahinter befindet sich die Standing Area die 1,22 m

(4 Feet) tief ist. Sie ist alleine dem Spieler vorbehalten, der gerade dran ist. Man beobachtet manchmal, dass der Gegner sich hier von hinten schon anpirscht, was eigentlich immer als unfair zu werten ist. Niemand übersieht unabsichtlich diese Linie.

Caller und Chalker

Vom Spieler aus rechts neben dem Board steht der Caller. Er ist Entertainer und Referee in einem, wenn alleine dann auch Score-Schreiber (und dann links vom Board). Bei vielen englischen und amerikanischen Sportarten ist es üblich, dass die Schiedsrichter durch – durchaus sinnvolle – Gesten oder Calls immer wieder im Mittelpunkt stehen. Diese werden dann meist regelrecht zelebriert, beim Dart ist es besonders das »onehundredandeeeeeeeighty« nach dreimal T20.

Der Caller eröffnet das Leg mit »Game on«. Nach jeder Aufnahme gibt er den Score bekannt, beispielsweise »one hundred and forty«. Ist der Spieler im Finish-Bereich, so gibt der Caller den Restpunktestand unmittelbar bevor der entsprechende Spieler beginn, bekannt. Er sagt »32 required« oder mit Namen: »Phil! You require 32«. Verboten wäre es den Spieler zu coachen, also beispielsweise »Phil! You require double 16« zu sagen. Der Spieler kann an den Caller folgende zwei Fragen richten: »What's the score?« (Wenn er nicht genau sieht, auf welcher Seite des Drahtes der Dart steckt) und »What's left?« (fragen die Stars wenn sie durch einen Totalverhau aus dem Konzept gebracht worden sind).

Wenn der Spieler überwirft, ruft der Caller »no score«, wenn er das Double Out trifft »game shot«.

Stimmgewaltig: Der Caller bei der Arbeit

Aber Achtung: Da der Wurf erst zählt, wenn der entsprechende Dart wieder aus dem Board gezogen wird (bevor er von selbst fällt), ist jeder Call theoretisch korrigierbar.

Der berühmteste Caller ist Russ Bray, genannt »The Voice« – nomen est omen.

Bei großen Turnieren stehen dem Caller ein oder zwei Chalker zur Seite. Chalker steht für Schreiber (chalk; engl. für Kreide). Er schreibt die Scores auf das Scoreboard und zwar folgendermaßen:

Die Restpunktestände stehen zentral gegenüber, die Scores an beiden Seiten außen. Sobald der Spieler in den Finishbereich kommt wird der Übersicht halber nach dem Rechnen ein Querstrich durch den alten Punktestand und den aktuellen Score gezogen. Der neue Punktestand steht dann nicht durchgestrichen zentral. Scoreboards haben traditionell keine Zeilen

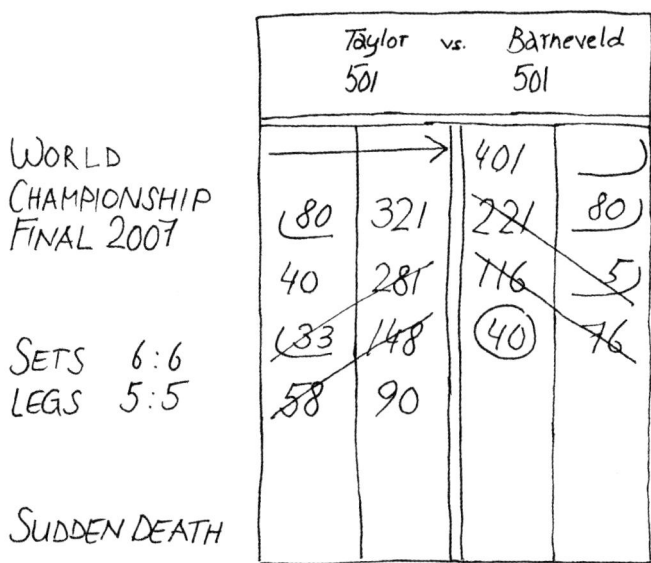

*Nicht wundern – beim Schreiben gibt es viele
unterschiedliche Traditionen.*

oder Raster, sodass, wenn man schief wird, die Nachvollzieh-
barkeit etwas leidet – darum der Trick mit dem Durchstrei-
chen.

Eine weitere Besonderheit beim Schreiben ist, dass man für
»ton« (also 100) ein Ecksymbol aufschreibt (bei einem Score
von genau 100 nur dieses) oder die entsprechenden Zahlen
dazu (bei einem Score über 100). Dieses Zeichen soll eigentlich ein »C« für century darstellen. Wenn das Spiel zu Ende ist,
ist es zu Ende. Man braucht dann eigentlich keinen Score
mehr zu notieren, der Verlierer gibt dem Gegner einfach ein
Zeichen der Akzeptanz der Niederlage, und alles wird für das
nächste Leg gelöscht. Wer will, kann den Score, der ausgecheckt wurde, einkreisen.

Nicknames

Alle Profispieler haben einen Zusatznamen oder auch eine ganze Zusatzphrase: zum Beispiel Phil »The Power« Taylor, Gary »The Flying Scotsman« Anderson oder Tomas »Shorty« Seyler. Diese Nicknames sind nicht nur ein Gag, sie können einem auch beim Kürzel auf dem Scoreboard helfen, denn mit »B« wie Bernhard beginnen mehrere in meinem Club.

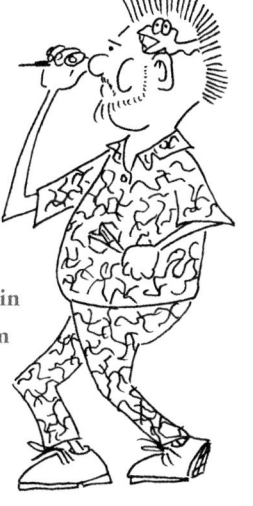

Winning ugly

»Winning ugly« ist der Titel eines berühmten Buches des Tennisspielers Brad Gilbert. »Ugly« ist hier ein wenig reißerisch, denn es erklärt eigentlich, wie man mit geringeren sportlichen, aber stärkeren mentalen Fähigkeiten ein Spiel für sich entscheiden kann. Wer sich noch an Brad Gilbert erinnern kann, wird zugeben, dass das schon ein ganz besonderer Charakter war – es hat nicht immer Spaß gemacht, ihm beim Spielen zuzusehen. Was er aber wie kein anderer beherrschte, ist auch beim Darts mitunter vonnöten: Wie kann man den Gegner mit legalen Mitteln stören, irritieren, unsicher machen und zu Fehlern verleiten?

Grundsätzlich ist Darts ein Sport der Gentlemen; das soll sich nach den Wünschen der Verbände nicht nur in Auftreten und Umgang mit dem Gegner, sondern auch in Sprache und Kleidung äußern. Darts hat einen großen Vorteil gegenüber vielen Sportarten: Es gibt kaum strittige Punkte. Die Spider (das Drahtgeflecht am Board) macht es eindeutig, wo ein Dart steckt. Der Score am Scoreboard ist bindend, wenn er nicht sofort beanstandet wird. Übertreten ist realistisch gesehen auch nicht möglich. Das »Fallenlassen der Darts, ohne dass eine Wurfbewegung zu erkennen wäre«, gibt ebensowenig Anlass für Diskussionen. Es ist also eigentlich einfach, beim Dart Gentleman zu sein und zu bleiben.

Eine Möglichkeit besteht darin, den eigenen Rhythmus und die Spielgeschwindigkeit zu nutzen. Natürlich darf man an seinem Rhythmus im Wurf nichts ändern, aber man kann sich ein wenig länger konzentrieren als vielleicht nötig. Vor der Standing Area etwas durchschnaufen wie ein Sprinter, der Richtung Startblock geht. Der Jubel nach einem guten Turn oder die ausgedehnte Resignation nach einem schlechten, bis man dann endlich seine Darts aus dem Board zieht, verzögern den gewohnten Konzentrationsaufbau des Gegners manchmal empfindlich.

Übrigens macht ein schnelles Spiel dem Gegner im Allgemeinen keine Probleme, auch wenn es Sicherheit demonstriert; ein langsames Spiel bringt ihn eher aus dem Rhythmus.

Der Gegner bleibt während des gesamten Spieles tabu, er wird wie nicht-existent ignoriert, nicht belächelt und nicht gefürchtet.

Den Gegner beim Wurf zu irritieren ist natürlich eindeutig unsportlich, aber von harmlos bis dreist – husten und räuspern, mit den Darts klappern – ist alles schon vorgekommen, und dagegen wird man sich nicht wehren können. Beim Caller jedoch etwas nachfragen, obwohl man nicht dran ist, vorzeitig in die Standing Area eindringen oder gegen den Gegner gerichtete direkte Droh- und Triumphgebärden sind dem Darts nicht würdig und es sollte beim Caller reklamieren werden, wenn der Übeltäter es nicht von sich aus unterbindet.

Der große Michael van Gerwen – Gesichtsausdruck »Freude«.

Also: im rechten Augenblick Stärke zeigen, Körpersprache bewusst und ruhig emotional einsetzen – aber nie aggressiv gegen den Gegner. Ruhe bewahren – Coolness demonstrieren.

Dart endet mit dem Matchdart, nicht mit der Spielzeit. Daher: nie aufgeben – bis zum letzten Dart.

Die detaillierten Spielregeln sind zum Beispiel auf den Homepages der BDO oder PDC einzusehen: Rules of Darts.

Trainings- und Aufwärmspiele

Außer der Königsdisziplin 501 Double Out (seltener auch Double In – Double Out) gibt es zahlreiche Spiele, die der Unterhaltung, der Abwechslung beim Training, dem Einwerfen und der Anfängerphase (insbesondere 301 Double Out) vorbehalten sind. Ein ernsthafter sportlicher Charakter kommt diesen anderen Spielvarianten schon deshalb nicht zu, weil die Aufteilung des Boards mit dem Double-Ring außen einzig und alleine für ein Double-Out-Spiel Sinn macht.

Das hat mich zum Beispiel beim Cricket schon immer verwundert: Hier wird das Verfehlen des großen Single im Double auch noch mit doppelten Punkten belohnt. Wenn man ein gewisses Niveau erreicht hat, dann macht auch Cricket Spaß, da ja dann kaum jemand versehentlich ein Double trifft.

170

170 kann man auch perfekt alleine spielen. Weil es dem höchstmöglichen Finish entspricht, übt man damit logischerweise das Auschecken, wobei einem Anfänger der Weg von 170 auf 0 oft endlos erscheinen mag. Zum Finish-üben zählt auch, dass man das Rechnen lernt und seine Pausen minimiert. Denn auch beim Check Out ist die Bedeutung des Rhythmus' nicht zu unterschätzen.

167 × 3

Bei diesem Spiel spielt man immer wieder T20, T19 und D25, in dieser oder einer anderen Reihenfolge. Diese Kombination entspricht dem »perfekten perfekten Nine-Darter«, wie er noch nie vor laufender Kamera gespielt wurde. Tatsächlich werden einfach die wichtigsten Zahlen für den High-Score trainiert sowie der Zielwechsel am Board (bei dem man unbedingt im Rhythmus bleiben sollte).

Analog hierzu kann man jede x-beliebige Kombination spielen und auch unterschiedliche Wechsel: zum Beispiel T20, T18, T20 oder T20, T15, D16.

Hunter

Hier wird T20, T20 und Bull gespielt. Es zählen nur die geworfenen 20er, und diese nur dann, wenn der dritte Dart das Bull trifft. Hunter wird gerne beim Einwerfen gespielt: Man erkennt recht schnell, wie gut man drauf ist, besonders im Hinblick auf 180er.

RTW (Round the World)

Typischer Weise spielt man dieses Spiel auf alle Doubles bis man jedes einmal (oder dreimal) getroffen hat. Man kann der Nummer nach auf- oder absteigend spielen oder im Uhrzeigersinn (oder dagegen) oder auch nur die geraden Zahlen oder nur die häufigen. Ich spiele gern Halbierungsreihen wie z. B. 16 – 8 – 4 – 2 – 1, durch. Analog könnte man auf die Triple spielen und als Anfänger auch auf die großen Singles oder gar die gesamte Zahl.

Bullen – 180 – 171 – etc …

Alles aufs Bull oder alles auf T20 oder alles auf T19, und so weiter. Je länger man spielt umso mehr merkt man, wie man sich einspielt. Zum einfachen Zählen siehe Highscore-Level weiter unten.

Accuracy Drill (nach George Silberzahn) Man wählt einige lohnende Ziele (z. B. T20, S25, D16, D20 oder T19) und notiert diese auf dem Scoreboard. Dann spielt man diese Ziele der Reihe nach durch; sobald man ein Ziel ein Mal getroffen hat geht es weiter zum Nächsten, bis man alle Ziele 5 mal getroffen hat.

Cricket alleine Spielen Sie die Zahlen des Spieles Cricket dreimal in möglichst wenigen Turns aus: 15, 16, 17, 18, 19, 20, Bull. Ein Single zählt einfach, das Triple dreifach.

60 bis 40 auschecken Der Anfänger übt die niederen Check Outs von 60 bis 40. Ein Dart fürs Single zum Stellen und zwei Darts auf das Double. Hier lernt man die Finish-Wege im niederen Bereich.

80 bis 60 auschecken Ausgesprochen wichtig ist das Training der Checkout-Wege von 80 bis 60. Diesen Bereich sollte man im Schlaf beherrschen, denn man landet sehr häufig in diesem Punktbreich. Trainingsvariante: Checken Sie jede Zahl von

80 bis 60 (60 bis 40) mit drei Darts aus – das kann durchaus eine Weile dauern …

110 bis 70 auschecken Die Fortsetzung des T20 eines High Finish. Diese Checkouts sind wichtig, um das Rechnen zu lernen.

Check Out Training – Man startet bei 80 Punkten und versucht diese mit sechs Darts auszuchecken. Wenn man es schafft, zählt man zehn Punkte dazu, und versucht es nun bei 90 Punkten. Wenn man es nicht schafft, dann zählt man einen Punkt ab, und versucht es nun bei 79 Punkten, und so weiter und so fort. Erstklassiges Training, um die Check-Outs zu lernen.

High-Finish-Training Da der High Score üblicherweise durch das Spiel auf T20 bzw. S20 entsteht, kommen bestimmte Finishes häufiger vor, und sind entsprechend häufiger zu trainieren: nämlich 81, 101, 121, 141, 161.
180 – 180 – 141
180 – 140 – 100 – 81
180 – 140 – 60 – 121
140 – 140 – 100 – 121
140 – 100 – 100 – 161
140 – 100 – 60 – 60 – 141
100 – 100 – 100 – 100 – 101
140 – 60 – 60 – 60 – 60 – 121

141er-Finish Üben Sie es regelmäßig. Vielleicht kommen Sie einmal in die »Verlegenheit« zwei 180er hintereinander zu werfen. Dann sollten Sie bereit sein für Ihren ersten Nine Darter – es könnte die einzige Chance in Ihrem Leben sein …

Bob's 27 (benannt nach Bob Anderson) Bob's 27 ist ein hartes Spiel auf die Doubles. Man beginnt mit einem Score von 27 und spielt mit jeweils drei Darts auf alle Doubles beginnend mit D1. Trifft man es einmal, gibt es +1 Punkt, zweimal +2 Punkte, dreimal +3 Punkte. Verfehlt man mit allen drei Darts, gibt es -1 Punkt. Weiter auf die D2 mit +2, +4, +6 oder minus 2 usw. Wer es schafft, bis zur D20 zu kommen und dabei über 0 bleibt, ist gut drauf. Man kann natürlich den Ausgangsscore dem Spielniveau entsprechend anpassen (das heißt meistens erhöhen).

Zum Aufwärmen und Training Jeder Spieler braucht eine Zeit, um warm zu werden. Es scheint so zu sein, dass man mit zunehmender Klasse immer mehr Aufwärmzeit braucht, um auf das Niveau zu kommen, zu dem man fähig ist. Profis wärmen sich vor einem Spiel zwei bis vier Stunden lang auf, indem sie oben genannte Spiele mehrmals hintereinander durchspielen, dazwischen immer ein bisschen entspannen und versuchen locker zu bleiben. Die Grundvoraussetzung muss da sein – auf die Tagesverfassung und die Stärke des Gegners hat man dann keinen Einfluss mehr.

Aber auch ein Anfänger sollte mindestens 15 Minuten, besser 30 Minuten für das Einwerfen einplanen. Es läuft dann einfach runder. Warmspielen bedeutet übrigens alleine Spielen und Spielen und Spielen – und nicht herumstehen und warten. Ein Zuviel an Aufwärmen gibt es auch, man ist dann ausgepowert und es geht nichts mehr.

Übung macht den Meister. Das klingt zwar abgedroschen, trifft aber auch auf Darts zu. Es ist daher nicht erstaunlich, dass **der** Meister des Darts, Phil Taylor, auch als Trainings-Welt-

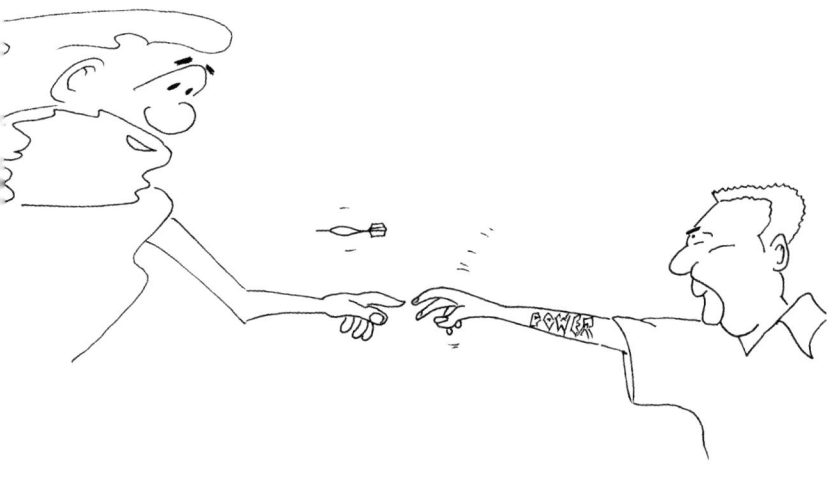

Phil »The Power« Taylor

meister gilt. Er hat berichtet, dass er bis zu acht Stunden täglich trainiert, ein enormes Pensum.

Die Stars der Dartszene haben natürlich auch Talent und vielleicht sogar Genie mitgebracht. Aber ohne permanentes Training könnten sie ihr Niveau nicht halten. Als durchschnittlich Begabte können aber auch wir es mit Training und ausdauerndem Üben durchaus zu etwas bringen.

Beim Darts gibt es kein Ausdauertraining auf der Laufbahn, kein Krafttraining im Studio und kein Techniktraining am Simulator. Das Training findet am Board statt, mit drei Darts in der Hand; als einzige Trainings-»Hilfe« benutzen die Profis Boards mit schmäleren Triples und Doubles.

Trainingsplan – Erfolgskontrolle

Wenn man ein ernsthaftes Training mit spürbarer Verbesserung plant, sollte man sich auch vor jeder Trainingseinheit (oder längeren Wochen- oder Monats-Zyklen) fixe Ziel vornehmen. Wie lange werde ich trainieren? Welche Trainingsspiele ziehe ich zeitlich wie lange durch? Wie viele Wiederholungen werden gemacht?

Nur das (fast) tägliche Training ist erfolgversprechend, und längere Phasen ohne Training werfen einen zurück. Aber nicht jeder Darts-Tag muss ein sturer Trainingstag sein. Ein paar Darts nach der Arbeit zu werfen, um runter zu kommen oder ein zwangloses Spielchen unter Freunden ist immer willkommen und kann dann auch manchmal eine Trainingseinheit ersetzen.

Trainingspläne gibt es viele. Sie sehen alle sehr ähnlich aus, weil es ja für Fortgeschrittene grob gesagt nur zwei Dinge zu trainieren gibt: Triples und Doubles.

Der Plan für einen Anfänger könnte so aussehen:

1. Alle Singles RTW bis man trifft
2. 20 Turns auf T20
3. Alle Singles RTW bis man trifft
4. 10 Turns auf T19
5. Alle Singles RTW bis man trifft
6. 10 Turns auf Bull
7. Alle Singles RTW bis man trifft
8. D16, D20, D18 je ein Mal auschecken
9. dreimal 301 Double Out

Der Plan für einen Fortgeschrittenen könnte folgendermaßen aussehen:

1. Alle Singles RTW bis man trifft
2. Alle Doubles RTW bis man trifft
3. Alle Triples RTW bis man trifft
4. 50 Turns auf T20
5. 30 Turns auf T19
6. Je 10 Turns auf T18 und auf T17
7. 30 Turns auf das Bull
8. D16, D8, D20, D10, D18 je ein- bis dreimal auschecken
9. fünfmal 501 Double Out

Ein solcher Plan ist anstrengend und braucht viel Zeit. Jeden zweiten Tag genossen, garantiert er aber Erfolg. Stellen Sie sich Ihren eigenen, individuellen Plan nach zeitlichen Möglichkeiten und spielerischer Präferenz zusammen.

Der Drei-Dart-Average Der Drei-Dart-Average ist für gute Spieler der wichtigste Referenzwert, der Auskunft darüber gibt, wie gut man spielt. Er gibt jenen Punktwert an, den man durchschnittlich pro Aufnahme spielt. Es macht nun natürlich einen erheblichen Unterschied, ob man diesen Average durch endloses T20-Spiel ermittelt, oder durch 501-Double-Out-Spiele. Denn das Spiel auf die Doubles senkt logischerweise den Drei-Dart-Average. Wenn man das Double mit dem ersten Dart überwirft, fließen Dart Nummer zwei und drei mit Null in den Durchschnitt ein. Wenn man andererseits gegen einen sehr guten Spieler spielt, kommt man möglichweise selbst gar nicht in die Verlegenheit, auf Doubles gehen zu müssen und erhält als Verlierer einen erstaunlich guten Average. Wann immer von einem Drei-Dart-Average die Rede ist, so ist dies im Zuge eines 501 Double Out gemeint (eigentlich als Turnierleistung oder Match-Durchschnitt).

Um seinen Average außerhalb eines Turniers zu ermitteln, macht es Sinn, dass man längere Zeit Darts wirft (mindestens eine halbe Stunde). Als Steel-Darter hilft uns leider keine Maschine beim Errechnen dieses Wertes. Ich schlage daher folgende gerundete Hilfsliste vor. Man muss sich hier lediglich merken, wie viele Darts man insgesamt benötigt hat. Die Liste verdeutlicht auch, was der Average besagt, den ein Spitzenspieler im TV gerade aufweist, nämlich mit wie vielen Darts er durchschnittlich auscheckt.

Die einfache Formel lautet: 501 geteilt durch geworfene Darts mal drei.

Geworfene Darts	Drei-Dart-Average	Turns
Nine-Darter:	169	3
10-Darter:	150	4
11 Darts:	137	
12 Darts:	125	
13 Darts:	116	5
14 Darts:	107	
15 Darts:	100	
16 Darts:	94	6
17 Darts:	88	
18 Darts:	83	
19 Darts:	79	7
20 Darts:	75	
21 Darts:	72	
22 Darts:	68	8
23 Darts:	65	
24 Darts:	63	

25 Darts:	60	9
26 Darts:	58	
27 Darts:	56	
30 Darts:	50	10
33 Darts:	46	11
36 Darts:	42	12
39 Darts:	39	13
42 Darts:	36	14
45 Darts:	33	15
(…)		
500 Darts:	3	166

Je länger man braucht, umso flacher wird die Kurve; dann reicht es, sich zu notieren, wie viele Aufnahmen man gebraucht hat. Würde man übrigens mittig aufs Board werfen (und niemals Bull oder Triple treffen), hätte man ein Average von knapp über 30 (wenn man bei der ersten Gelegenheit auscheckt).

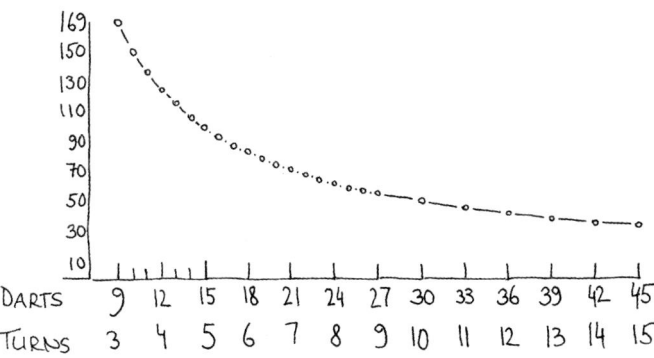

*Die Beziehung zwischen Drei-Dart-Average und
Anzahl der benötigten Darts.*

Wenn Sie Ihre ersten 501 Double Outs spielen, werden Sie sehen, dass der Average weniger unter schlechtem Scoring leidet, sondern durch »No Score« beim Finish nach unten durchgereicht wird – wie gut, dass die Kurve immer flacher wird …

Die Weltklasse spielt in Topform Drei-Dart-Averages über 100, ansonsten konstant gut über 90. Den Rekord für ein ganzes Match hält Phil Taylor mit sagenhaften 118,66. Zwischen 80 und 90 ist man (außer in Großbritannien und den Niederlanden) in der nationalen Klasse gut dabei. Zwischen 70 und 80 würde ich von einem hervorragenden Hobby-Spieler sprechen, darunter von einem guten.

Probieren Sie es einfach und machen Sie sich ein eigenes Bild – wer unter 50 landet, sollte mehr trainieren …

Die Double-Quote

Die Double-Quote (5/10 bedeutet: fünf von zehn Doubles getroffen) oder das Double Percentage (50%) sind Finish-Parameter. Im Match kann man gegen einen guten Spieler mangels Double-Möglichkeiten ein exzellentes Percentage haben, die Quote lügt dann aber nicht: 1/1 am Ende des Spieles heißt, dass man 100% seiner Doubles getroffen hat, aber eigentlich nur dem Gegner beim Finish (und Scoren) zusehen musste. Im Training ist das Double Percentage zwar ein guter Wert, wenn man z. B. den Ring einmal rund herum auf Double spielt, bildet aber die Wettkampfrealität insofern nicht ab, als dass Begradigen und Überwerfen hier nicht in die Rechnung eingehen.

Von den Profis kennen wir Werte, die oft deutlich über 50% im Percentage liegen – Anfangs gegen 100%, mit Dauer des Spieles fallend.

Das Bull-Percentage

Dieses stellt für den Anfänger den ersten Anhaltspunkt dar. Wenn von drei Darts relativ verlässlich einer im Bull landet, dann ist man soweit, dass einem das Spiel beginnt Spaß zu machen. Profispieler benutzen regelmäßig das Bull, um mit 25 zu begradigen und damit zu einem Finish zu kommen. Sie haben dabei ein erstaunliches Percentage.

Accuracy Drill Bei diesem auf Seite 94 bereits erwähnten Spiel, kann man leicht messen, wie lange man braucht, um die Vorgabe durchzuspielen. Braucht man anfangs für fünf mal fünf Ziele eine halbe Stunde, wird man merken, wie man kontinuierlich schneller wird.

High Score Level Beim Spiel auf die T20 sollte man eine gewisse Trefferquote erzielen: Ein Single zählt einen Punkt, ein Triple drei Punkte. Ein gutes Ergebnis wäre, mit 90 Darts (30 Turns) 90 Punkte zu machen, das ist der Eintritt ins Turnierlevel. Bis dahin sind Zwischenziele von 30 aufwärts gerechtfertigt.

Man kann das auch einfacher rechnen: Single 0, Triple +2, Verfehlt -1. Und dann wie bei Bob's 27 so lange wie möglich über 0 bleiben oder über 27 oder bis zu einem persönlichen Rekord in festgelegter Zeit.

Versuchen Sie auch: alle auf die 19 oder alle auf 19 und alle auf 20 im Wechsel oder 19/20/Bull und so weiter.

Die Hürde für den Turnierbereich

Wenn man einigermaßen im 501 Double Out regelmäßig mit acht Turns auscheckt, ist man so gut, dass man sich auf regionalen Turnieren keinesfalls genieren muss. Damit hat man einen Drei-Dart-Average von etwa 65, was einem 24-Darter entspricht. Um dieses Ziel zu erreichen, sollte man mit vier Turns die 200–170 unterschreiten und mit weiteren vier Turns das Finish schaffen. Konkreter: mit vier Turns unter 170 zu kommen heißt, dass man mit zwölf Darts 331 Punkte erzielt – 28 Punkte pro Dart, also auch zwingend das eine oder andere Triple. Mit viermal T20, S20 und S20 (insgesamt 400 Punkte) schafft man das leicht, mit viermal S20, S20 und S20 (240) reicht das nicht. Ein Ton-40 oder gar ein Ton-80 reißen einen raus, aber ein eingestreuter »Fish« kann auch alles zerstören.

Das Finish innerhalb von vier Turns kann ebenfalls zur Herausforderung werden: Ein Turn, um unter 100 zu kommen, in den Zwei-Dart-Finish Bereich. Ein weiterer mit Versuch auf Double; kommt es nun beim dritten Turn zum Überwerfen oder zu einer Punktereduktion, die einen in Richtung Mad House bringt, benötigt man viel Coolness, um das Spiel im achten Turn noch nach Hause bringen zu können.

Anfänger-Spiele

Auch und gerade ein Anfänger braucht Erfolgserlebnisse. Man beginnt am besten auf gemeinsame Sektoren wie z. B. 1, 20 und 5, egal ob Single, Double oder Triple und freut sich, wenn alle drei Darts drinnen sind. Analog dazu alle anderen drei

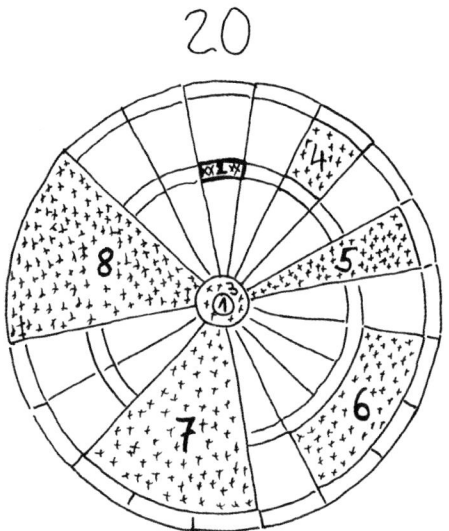

*Immer kleiner
werden die Ziele!*

nebeneinander liegenden Sektoren. Man zielt hierbei natürlich auf den zentralen Sektor, die beiden begrenzenden sind
aber fürs Erfolgserlebnis wichtig.

Nach relativ kurzer Zeit wird man hier selten verwerfen. Der
nächste Schritt ist, dass man nur noch die großen Singles zählt;
Man trainiert also die Sicherheit auf die Singles, die man zum
Begradigen braucht, und zwar jedes. Bis man zuverlässig drei
Darts auf dem großen Single unterbringt, vergehen jedoch
einige Trainingsstunden am Board.

Die kleinen Singles brauchen eigentlich nicht trainiert zu
werden, denn sie stellen ja, je näher man zum Bull kommt,
eher einen Lotteriebereich dar. Es gibt im Match keine Situation, in der man auf ein kleines Single gehen sollte.

Tripletraining, Doubletraining, High-Score-Training,
Finish-Training, …, und dann ein paar Runden 501 Double
Out.

Dartsgeschichte

Wer sich näher mit der Darts-Geschichte auseinandersetzen will, der sei an ausgesprochene Kenner verwiesen, insbesondere an Dr. Patrick Chaplin. Auf deutsch hat Elmar Paulke das wohl ausführlichste Buch zu diesem Thema verfasst. Die nachfolgenden Ausführungen streifen wirklich nur die Eckpunkte. Hier also 100 Jahre Darts im Zeitraffer.

The Yorkshire Board

Die tolle Geschichte des **William »Big Foot« Annakin** habe ich an anderer Stelle schon erwähnt. Sie stellt für mich den Beginn des sportlichen Darts dar.

Zuvor hatte eine gewisse Familie **Perigueux** aus Nord Frankreich ein Board nach Manchester gebracht: Dieses Log End Board war der Vorläufer des heute gültigen Boards mit Sektoraufteilung (das Ende eines Baumstamms heißt englisch »log end«, früher verwendete man Ulmenholz später Pappel).

Brian Gamlin, ein Zimmermann aus Bury, England, produzierte in Großbritannien die ersten Boards aus Holz mit sektorförmigem Drahtgeflecht, die sich rasch und anhaltend durchsetzten. Die Vergabe der Reihenfolge der Zahlen geschah durch **Thomas William Buckle** – auch wenn dies fälschlicherweise ebenfalls gern Gamlin zugeschrieben wurde.

Auch wenn andere Boards wie beispielsweise das Manchester Log-End Board, das Yorkshire Board oder das Ipswich Five's vor allem regional lange in Verwendung blieben (und auch heute noch erzeugt werden), gab es rasch keinen Zweifel daran, dass das London Board das »echte«, eines Sportes würdige Darts Board darstellt.

The Ipswich Five's Board

Von Anfang an wurde in Großbritannien gutes Darts gespielt und erstaunliche Leistungen erbracht. Seit 1925 sind die Briten in der NDA (National Darts Association) organisiert und veranstalten teils riesige Turniere. Mit Pub-Wettbewerben beginnend wurden landesweite Ausscheidungen gespielt, sodass die Besten sich bei insgesamt fast 300 000 Teilnehmern durchsetzen mussten. Die **Queen Mum** besuchte 1937 ein Turnier, was den ersten Darts-Boom auslöste, der durch den zweiten Weltkrieg allerdings ein jähes Ende fand.

Joe Hitchcock wird in den 50ern mit Anzug und Krawatte

berühmt als Kunst- bzw. Trick-Dart-Spieler. Er führt Kunst-stücke nach Zirkusmanier auf, z. B. Zigaretten aus dem Mund schießen. Seine Spezialität ist es, mit Nägeln so zielgenau ins Board zu werfen wie mit Darts. **Jim Pike** sorgte etwa zur gleichen Zeit für Aufsehen, als er auf einem mit Zeitungspapier verdeckten Board Triple-Felder auf Ansage traf.

1973 wurde die **BDO** (British Darts Organisation) gegründet und der Sport Darts erhielt Rahmen und Plattform für echte sportliche Wettkämpfe und den zweiten Darts-Boom, der durch den Alkohol auf der Bühne in eine erneute Krise geriet.

Eric Bristow und **John Lowe** waren erbitterte Gegner, die Darts in den Jahren von 1978 bis 1993 geprägt haben und heute in Großbritannien lebende Legenden sind. **Eric Bristow**, unter anderem wegen seines Wurfstils (den kleinen Finger wegspreizend) als arrogant angefeindet, war der erste Superstar der Sportart Darts. In den 1980er-Jahren durchgehend an der Spitze, traf ihn urplötzlich die Dartitis, von der er sich durch langes Training (werfen, werfen, werfen ohne zu zielen) wieder erholte. Er erhielt 1989 mit dem MBE, Most Excellent Order of the British Empire, den Ritterschlag für seine Verdienste um die Sportart Darts.

John Lowe stand als Rivale Bristows immer ein wenig in dessen Schatten, aber ihm gelang als Erstem ein Nine-Darter vor laufenden Kameras – ein Titel für die Ewigkeit. Sein Wurfstil gilt als technisch perfekt. Der Englishman gilt als großer Sportsman und Gentleman.

Jocky Wilson, ein Scotsman mit einem »kranken«, hüpfenden Wurfstil, den man nicht imitieren kann, fällt in die Zeit, als Alkohol auf dem Podium noch gang und gäbe war. »Jedes Leg ein Pint« war damals die Devise. Alkohol, Nikotin und Übergewicht machten ihn schwer krank, und er zog sich 1995 als 45-Jähriger völlig aus dem öffentlichen Leben zurück. 2012 starb er in seiner Geburtsstadt Kirkcaldy in Schottland.

Fatbelly and Evenfatterbelly sind die Nicknames zweier Comedy-Darter, die sich 1980 über ein Hauptproblem des Darts zur damaligen Zeit belustigten: den Alkohol (unbedingt auf YouTube suchen). Darts rutschte in eine schwere Krise. Erst Alkoholverbot auf der Bühne und schließlich auch Rauchverbot beim Turnier haben es wieder zu einem glaubwürdigen Sport machen können.

Für mich ist es kaum vorstellbar, wie unter Alkoholeinfluss dennoch solche Meisterleistungen möglich waren und bezweifle, dass das bei der heutigen Leistungsdichte noch möglich wäre.

Keith Deller triumphierte bei der WM 1983. Er war vorher kaum bekannt, und auch danach kein Star. Aber diese WM, die er im Finale gegen Eric Bristow mit einem 138er Finish gewann, machte ihn in England zu einer lebenden Legende.

Der Darts-Verband BDO erhielt **1992** mit der **PDC** (Professional Darts Council) einen starken Konkurrenten. Mit Spielern wie Phil Taylor, riesigen Event-Veranstaltungen und TV-Spektakeln trug die PDC den nunmehr dritten Boom auch auf den europäischen Kontinent.

Dennis Priestley war 1993 der erste Weltmeister der PDC, eines der wenigen Male, dass er Phil Taylor besiegen konnte, in dessen Schatten er (und für die nächsten Jahrzehnte alle anderen Topspieler auch) immer stand.

Phil Taylor ist seit seinem ersten BDO-WM-Titel 1990 (als damals 30-Jähriger) – also seit einem Vierteljahrhundert – in einem Ausmaß erfolgreich, wie man es nicht für möglich gehalten hätte. Selbst in anderen Sportarten, die Spitzenleistung über das Alter von 30 Jahren hinaus zulassen, gibt es keine vergleichbaren Karrieren. Sein Spiel ist gigantisch und das Maß aller Dinge, seine Rekorde gelten als uneinholbar. Er zeigt vor jedem einzelnen Wurf eine unglaubliche Konzentration und Siegeswillen.

Mit **Raymond van Barneveld** verbinden wir Begriffe wie Negendarter (sprich: nechendarter) und Honderdentachtig (sprich: honderdentachtich). Er hat die Niederlande zur Dartsspitze geführt. Sein Wurfstil ist wohl der zarteste und gefühlvollste im Circuit. Vor allem bei seinem Launch kann man sich einiges abgucken.

Raymond van Barneveld –
geht's noch gefühlvoller?

Die traditionellen **Dartnationen** sind die Länder der britischen Inseln. Später kamen Australien und Nordamerika sowie die Niederlande und Belgien hinzu. Es gibt auch einige wenige Spitzenspieler aus Fernost. Der Boom im deutschsprachigen Raum setzte vergleichsweise spät ein.

John Part aus Toronto, Kanada, ist als dreifacher Weltmeister der erfolgreichste Spieler Nordamerikas.

Michael van Gerwen gehört zu jenen Ausnahmetalenten, die in jüngsten Jahren Weltmeister werden und Nine-Darter werfen. Er ist ein ausgesprochen schneller, rhythmischer Spieler mit weit vorgebeugtem Stand.

Gary Anderson, »the Flying Scotsman« (PDC-Weltmeister 2015), **Adrian Lewis**, »Jackpot«, **Simon Whitlock**, »the Wizard«, **Wes Newton**, »the Warrior«, **James Wade**, »the Machine«, **Robert Thornton**, »The Thorn«, sind ein paar Namen großer Spieler dieser Tage, die alle schon einen Nine-Darter vor laufender Kamera zeigen konnten. Diese Liste ist nicht vollständig und wird ständig erweitert.

Vincent van der Voort muss man aus zwei Gründen erwähnen. Erstens ist er mit 6–7 Sekunden pro Aufnahme einer der schnellsten Spieler im Spitzenbreich, und zweitens hat er als erster Spieler bei einem PDC-Turnier live vor Kameras gegen eine Frau verloren – im Machosport Darts eine zweifelhafte Ehre für einen Topspieler. Man muss jedoch dazu sagen, dass **Anastasia Dobromyslova** an diesem Tag einfach sagenhaft spielte. **Trina Gulliver** war über Jahre hinweg die Grande Dame (und Phil Taylors weiblicher Gegenpart) des Damen-Darts.

Die Zahl hervorragender Spieler ist heute enorm und die Leistungsdichte unglaublich hoch. Im Internet findet man übrigens zahlreiche Videos von Darts-Sternstunden: beispielsweise Deller vs. Bristow, Taylor's WM-Finals, John Lowe's erster Nine-Darter, legendäre Partien von van Gerwan, Adrian Lewis, Gary Anderson, van Barneveld usw. Dazu sind auch die Zusammenschnitte von Nine-Dartern und 125-Finishes sehr sehenswert.

Anhang

The Darts Calendar –
Die wichtigsten Turniere im Telegrammstil

PDC **World Darts Championship** aktuell im Alexandra Palace, London; besteht seit 1994. Die PDC Weltmeisterschaft findet jährlich von Weihnachten bis Neujahr statt. Rekordsieger mit 14 Titel ist Phil Taylor.

PDC **Premier League**, in Großbritannien seit 2005, wie eine Tour durchs Land mit einem wöchentlichen Spieltag. Insgesamt dauert das Turnier fast drei Monate und läuft nach dem System »jeder gegen jeden« ab. Die Auswahl der Spieler erfolgt über die aktuelle Rangliste und spezielle Einladungen.

PDC **World Matchplay**, wird seit 1994 in Winter Gardens, Blackpool, ausgetragen. Nicht nach Sets, sondern einer höheren Zahl an Legs, die mit jeder Runde zunimmt, ausgetragen; beim Finale 18 Legs. Erneut erstaunliche Siegesserie von Taylor.

PDC – **World Grand Prix**, seit 1998, aktuell in Dublin ausgetragen. Dieses ist das einzige Turnier, das im TV übertragen wird und nach dem Modus Double In – Double Out gespielt wird. 2014 erlebten wir zwei Nine-Darter in einem Spiel: James Wade und Robert Thornton spielten beide einen.

PDC – **European Darts Championship**, seit 2008, mehrmals in Deutschland und einmal in den Niederlanden ausgetragen.

Weitere PDC Turniere: UK Open, Grand Slam of Darts, Players Championship, German Darts Championship, World

Cup of Darts, Masters, Under-21 World Championship und die PDC Pro Tour.

BDO **World Darts Championship** im Lakeside Country Club (Südengland), seit 1978. Die BDO Weltmeisterschaft steht nun im Schatten der PDC. John Lowe und Eric Bristow duellierten sich hier legendär. Deller vs. Bristow 1983 fand in diesem Rahmen statt.

BDO **Winmau World Masters**, besteht seit 1974 und stellt eines der am längsten bestehenden Turniere dar.

Der Weltweite Darts-Verband WDF (World Darts Federation) veranstaltet eine große Zahl von Turnieren auf der ganzen Welt. Die BDO ist Mitglied dieses Verbandes.

Darts Dictionary – Glossar für korrektes Fachsimpeln

'01 Games	501 (701, 901 und 301), in jeglicher Variante, gesprochen: »Oh-one«
Accuracy	Treffsicherheit
Against the Darts	Spieler gewinnt das Leg, das sein Gegner begonnen hat, entspricht im Tennis einem »Break«
Average	statistischer Durchschnitt, Mittel
Barrel	der Körper des Dart
Basement	in Analogie zu Tops: D3
Bed	Double- oder Triple-Feld
Bed 'n' Breakfast	26-Punkte-Trefferkombination (S1, S5 und S20), miese Aufnahme bei Versuch auf T20 (weil es früher Two Shillings and Sixpence kostete)

Bogey	Zahlen unter 170, die nicht mit drei Darts ausgecheckt werden können
Bouncer	ein vom Board abprallender Dart, er zählt nicht
Brass	Messing, schweres Metall für Barrels
Bristle	Bürste
Bullseye	kreisrundes, rotes, zentrales Feld, 50 Punkte
Caller	der Schiedsrichter, der den Punktestand ausruft
Century	Das C am Scoreboard für 100
Chalker	der Schreiber
Check Out	das Leg ausmachen
Chips	von Fish 'n' Chips, siehe Bed 'n' Breakfast
Cluster	Haufen
Consistancy	Konstanz
Cover Shot	ausweichen auf ein anderes Triple, z. B. von T20 auf T19, wenn ersteres verdeckt ist
Cricket	beliebte Spielvariante mit viel Strategie
D	Double
Double In	Double In, Score zählt erst ab dem ersten Double (inklusive diesem)
Double Out	Double out, Finish nur auf Double
D25	Bullseye
Dart	der Pfeil
Diddle for Middle, Ausbullen, Nearest to Bull	über die Nähe zum Bull (Bullseye) ermitteln, wer beginnt
Distance	Abstand

Double	Doppel, doppelt
doubling in	Verb zu Double In
doubling out	Verb zu Double Out
Downstairs	die Zahlen der unteren Boardhälfte und vor allem deren Tripples (19, 17, 16 und 15)
Draw	das »Spannen« des Wurfarms
Fat Single	äußeres Single
Finish	das Spiel (Leg) beenden
Flight	die Flügel des Dart
Game on	ruft der Caller, um das Spiel zu eröffnen
Game shot	ruft der Caller, wenn ein Leg beendet wird.
going bust	überwerfen
Good Darts	wünscht man einander vor Spielbeginn
Grip	wie man den Dart angreift
Grouping	drei Darts eng beieinander, siehe Consistancy
Hard on Wire	knapp außerhalb des Feldes
High Finish	für einige die T-T-D-Finishes von 170 bis 130, viele zählen aber auch die Drei-Dart-Finishes über 100 dazu
High Score	hoch Punkte schreiben
Homes	D1, auch »Mad House«
Inner Bull	D25
Launch	das »Durchziehen« des Wurfarms
Leg	ein Spiel auf 501 Double Out
Lipstick	ein Double oder Triplefeld
M.O.	Masters out, Finish über Triple oder Double

Mad House	das D1-Feld
Marker	Dart, der knapp außerhalb des Zieles ist, aber den nächsten hineinlenken kann.
Matchdart	letzter Dart, der zum Sieg führt, wenn er ins Double trifft
Maximum	180 (dreimal T20)
Maximum Finish	170 (T20, T20 und D25)
No Score	überworfen (oder kein Double beim Double-In-Modus)
nough	null
Oche	die Leiste am Boden, die nicht übertreten werden darf
odd	ungerade (odd number = ungerade Zahl), bedeutet aber auch eigenartig, bizarr
out	Verb, gleichbedeutend mit: to finish
Outer Bull	S25
Pint	0,56 Liter, klassische britische Einheit für (ein großes) Bier
Playing Area	gering erhöhte Plattform von Oche bis Board
Point	die Spitze des Dart
Practice Darts	Übungswürfe auf dem Podium bevor der Caller »Game on« ruft
Release	das Freigeben, Loslassen des Darts
Robin Hood	Ein Dart steckt im Shaft des anderen, zählt null
RTW	Round The World, einmal von 1 bis 20 alle Zahlen in steigender Reihenfolge durchspielen

S	Single
S.O.	Single Out, Anfängervariante
S25	Single Bull
Safety Area	Sicherheitfeld, wenn im Finish das Verfehlen eines Triples oder Singles dennoch zu einem anderen Finish führt
Score	Punktestand
Scoreboard	Tafel für den Punktestand
Scroat	D20, wenn man eigentlich T20 spielen wollte, hier muss man sich beim Gegner fast entschuldigen, wie beim Netzroller im Tennis
Section	Sektoren des Board
Segments	die Felder, mathematisch gesehen Sektoren
Set	Satz, besteht aus mehreren Legs
Shaft	der Schaft des Dart
Shanghai-Finish	120 mit T20, S20 und D20
Single	einfache Zahl
Single Bull	kreisrundes, grünes, zentrales Feld, 25 Punkte
Sisal board	Board aus Sisalfasern einer Agave
Slim Single	inneres Single
Spider	Drahtgeflecht auf dem Board
Stance	Stand, Stellung, wie man am Oche steht
Standing Area	Bereich, der dem Spieler am Turn vorbehalten ist und vom Gegenspieler nicht betreten werden darf

Steel Darts	Darts mit Stahlspitzen auf ein Sisal-Board, im Gegensatz zu Kunststoffspitzen beim elektronischen Darts.
T	Triple
Three in a Bed	Drei Darts in einem Triple oder drei in einem Feld, gutes Grouping
Throw	Wurf
Ton	Punktzahl 100, bei 180 kann man also auch »ton-eighty« sagen.
Tops	das D20-Feld
Triple	Tripel, dreifach
Tungsten	Wolfram, schweres Metall, ideal für Barrels
Turn	die Aufnahme, die drei Darts pro Runde
Upstairs	obere Boardhälfte (vor allem 20 und 18 sowie deren Triples)
White wash	zu Null gewinnen, auch als Verb verwendet (»van Gerwen whitewashes Taylor«)

Literatur- und Quellenverzeichnis

Darts, Die Erde – eine Scheibe. Autor: Elmar Paulke. Ein tolles Buch mit viel Dartsgeschichte und vielen, vielen Listen.

Darts Beginning to End. Autor: George Silberzahn. Hier geht's bezüglich Technik wirklich ans Eingemachte.

The Darts Bible. Autoren: David Norton und Patrick Mcloughlin. Sehr schön illustriertes Buch mit vielen praktischen und theoretischen Infos.

Im Internet gibt es haufenweise Dartsseiten (unterschiedlicher Qualität). Unbedingt zu empfehlen ist ein sagenhaft guter Artikel über den Check-Out von Ken Berman: »How the Pros Do It« auf www.crowsdarts.com.